instruções para morder
a palavra pássaro

instruções para morder a palavra pássaro

assionara souza

✳ telaranha

© Herdeiros de Assionara Souza

Edição Bárbara Tanaka e Guilherme Conde Moura Pereira
Capa e projeto gráfico Bárbara Tanaka
Fotografia de capa Karime Xavier
Revisão Silvana Guimarães
Comunicação Hiago Rizzi

Dados Internacionais de Catalogação na Publicação (CIP)
(Câmara Brasileira do Livro, SP, Brasil)

Souza, Assionara, 1969-2018
  Instruções para morder a palavra pássaro / Assionara Souza. – 1. ed. – Curitiba: Telaranha, 2022.

  ISBN 978-65-997172-0-8

  1. Poesia brasileira I. Título.

CDD-B869.1

22-100312

Índices para catálogo sistemático:
1. Poesia : Literatura brasileira B869.1
Eliete Marques da Silva – Bibliotecária – CRB-8/9380

Direitos reservados à
TELARANHA EDIÇÕES
Curitiba – PR
(41) 3246-9525
contato@telaranha.com.br
www.telaranha.com.br

Impresso no Brasil
Feito o depósito legal
2022

*Para Silvana Guimarães
e todo o seu amor à palavra*

Pero la poesía (la verdadera poesía) es así: se deja presentir, se anuncia en el aire, como los terremotos que según dicen presienten algunos animales especialmente aptos para tal propósito. (Estos animales son las serpientes, los gusanos, las ratas y algunos pájaros.)

Roberto Bolaño, *Los Detectives Salvajes*

sumário

gaiola aberta
11

uma árvore num jardim
35

o mais fundo silêncio
67

o canto do pássaro
105

posfácio | Habitar a terra de Nod (ou avistar Dioniso)
BENEDITO COSTA NETO
143

índice de títulos e primeiros versos
153

sobre a autora
159

gaiola aberta

Para todos os efeitos, estamos felizes
Não vamos considerar
O tempo que perdemos no trânsito ou ao telefone
Tentando reconduzir a vida
Aos trilhos onde o carrinho desliza sem trancos ou sustos
É preciso confiar na eficácia da ciência
Quando os cientistas saem tarde
Da noite dos centros de pesquisa
Uma barata os espia roendo os resíduos das
Drogas que caem das mesas de trabalho
E o psiquiatra jamais adormeceria sem a
Pílula milagrosa que despluga pensamentos
O que importa de fato é o investimento e a publicidade
De que um mundo admirável está prestes a surgir

Para todos os efeitos, as novas marcas de cafés
E cervejas têm dado um novo alento
Ao homem médio e sem tempo para se dedicar à
Eficiência milagrosa dos clitóris do mundo
É suficiente o uso de poucas palavras em situações burocráticas
Deixando o excesso para a solidão das páginas virtuais
E o amor, o amor, o amor...
Por favor, aguarde na linha e logo mais o atenderemos
Para todos os efeitos, o *jazz* e a música clássica
Escorrerão pelos ouvidos
Até que a moça do *telemarketing* com sua voz
Provinda de insuspeitos grotões
Transgrida a maciez semântica de humanidade própria da frase:
"Bom dia, em que posso ajudar?"

As ruas, seus espasmos de luz em meio às sombras
Tatuagens sutis de conversas e risos
Duas realidades dispersas
Não sei se foi pra ti que confessei
Minha compaixão por Caim
Sua humanidade diante do fracasso em agradar a Deus
E o peso das últimas consequências
Vejo você negociar com o destino
"Esperava mais. Não consigo sentir o suficiente.
Faça-me sentir o suficiente até adormecer"
Estou dentro do barco e ele desliza em meio a águas confusas
Caim amou sem precedentes
Sua cegueira não lhe dava acesso à lucidez
Somente olhos para Deus
Todo ouvidos e pés correndo para junto de seu amado
O que não conseguimos tocar está prenhe de símbolo
A poesia oscilando entre sono e vigília
Por nada saber, revisar o vivido feito cego tateando o ar
Louco por converter perfume em substância
Coisa tangível ao tato e paladar
A árvore frondosa de Baudelaire
Com suas raízes e galhos violentos
Furando o chão e rasgando o ar
Enquanto nos vê passar

Curitiba, esta ilha carnívora
Engole as pessoas
Masca por anos a fio
E regurgita o corpo
Insone, atordoado e tonto
Próximo a alguma linha de ônibus
Aqui há muitas, aos tubos
Cápsulas de espera
Pessoinhas agarradas a *cell phones*
Digitam, enérgicas, mensagens
Como papéis lançados ao vento
Se flutuassem, luminosas e frias
Lotariam os céus de carências
"A ceia vai ser na mãe ou na tia?"
"Ele não gosta de ti, *fia*. Larga mão"
"Foto do meu pequeno. Niver de três anos"
"Te amo!"
"Dscp não era pra vc!"
Curitiba, gorda e embebida em laquê
Os pés estouram nas sandálias
E os peidos embaixo dos panos
Esquentam por um momento as
Coxas brancas, orgulho fascista
Curitiba abriga vampiros longevos
Reticentes a *flashes* fotográficos
E conversa fiada dos repórteres literários
Capitalizaram as mais nobres causas
Pobre é a moeda corrente de sempre
Mas o poeta, o poeta anda enfermo
Delirante, largando versos pelos ares
O poeta quer se matar, mas tem um medo louco de altura
E inclina-se um pouco mais pra ver as cinzas caírem

A brisa desfaz os tufos moles antes que cheguem ao chão
O poeta é ingênuo e sofre uma dor egoísta
Quer sair de Curitiba. Curitiba não deixa
Curitiba o embriaga com suas doses de Dreyer
E as droguinhas que os moleques vendem na Trajano Reis
É preciso estar sóbrio e ter dinheiro no banco
Pra fugir do lirismo que entorpece
Mas a polaquinha sorriu
Capaz que ela aceite o programa
O batom vermelhoso e os cílios em riste
Dessas moças com um pau entre as coxas
O poeta segue abraçado trançando as pernas em dança
Descendo pela São Francisco
Até os sobrados sujos da Amintas
Onde as putas passam suas tardes
É dezembro, a noite está quente
O poeta medita sobre o ano que passou,
Sobre a vida que passou
A travesti sorri
Curitiba, sua linda! Vem! Me beija...

Poison Passion

As declarações de amor eram muitas e desconcertantes
Entravam nos cafés
Bicavam os pés dos clientes
Com os olhos de botão, imploravam migalhas
Famintas, as declarações de amor sobrevoavam as mesas
Uma criança abaixou rápido a cabeça
Diante de um rasante assustador:
— Morro sem ti!
Não fosse isso, teria sido imediatamente decapitada
De repente, a aldeia toda tomada pelos ataques
Vidraças de janelas dos quartos quebradas
Interferências na transmissão dos noticiários
E a vida rotineira tornando-se insustentável
Os corações suspensos: psicotrópicos,
Noites insones, pulsos abertos
No começo, os infectados flutuavam no éter daquele efeito
Quando perceberam o perigo que corriam
Ao se deixar levar por lágrimas e oferecimentos incondicionais
Era tarde demais, a alma fugia-lhes do corpo como um gás
O mesmo que inflava pulmões suicidas

TOC

Um cachorro late
Um carro derrapa
Agora uma sirene
Latido, derrapagem, sirene
Novamente latido
Uma buzina longa e uivos
Portanto:
Latido
Derrapagem, sirene, latido, buzina, uivos
Em sequência, dois miados longos e um curto
Em volta, o espaço intacto
A chave da porta: fechada: 1 vez / conferida: 17 vezes
A mesma página do livro lida
Até que seu sentido obscureça
Respectivamente
:
Latido, derrapagem, sirene
Novamente latido
Buzina, uivos
Dois miados longos
Um miado curto

A porta permanece fechada

Ópera anônima

O domingo, essa criança entediada
Sozinha no pátio quando todos já se foram
Um casal de namorados na praça da matriz
Espera o penúltimo ônibus
Asas farfalham ao tinir do sino
A travesti desfere palavras firmes contra
O mofo de tristeza acumulado nas horas
Uma prostituta decide que o próximo será o último
Na moldura luminosa do oitavo andar
Duas mãos desistem da fuga infantil
E algemam-se a um maço de folhas
Nas quais os olhos desmaiam
Demônios procrastinadores
Sobejam uma culpa terrível
O domingo persiste em esmolar palavras
Nunca decifrar sua mímica ansiosa
Esconder-se entre versos simbolistas
Hoje não houve lua nessa cidade sem mar
Correr de mão pelos livros na estante
A tipologia sem corpo fustiga o peito
Com uma solidão faminta
E o domingo põe-se a arrastar
Fotografias em álbuns fantasiosos
Sugere o telefonema, mais uma vez adiado
Chafurdam vãs parvoíces nas telas eletrônicas
Recitam em pensamento o verso nu do *koan*
Enfim, branco, tonto e triste,
Do jeito que veio ao mundo
Arrasta-se para o quarto convencido de ter
Feito o melhor que merecia

Uma saudade sem braços
Sufoca os últimos insones
Até que drágeas certeiras
Deslizem garganta abaixo
No silêncio pastoso que escorre
De algum subúrbio
Duas marmitas sobre a mesa
Resistem e permanecem
Como se o novo dia se fabricasse
A partir dos escombros da véspera

para Fábio Rodrigo Cardoso

E então seguimos até o café
Por essas calçadas de tijolos soltos
Pisando o pé em falso enquanto
Você, depois de uma tosse longa,
Fala-me do romance que está lendo
E que se não fosse isso, as leituras
Se não fosse isso, talvez
Já tivesse desistido
Duas crianças brincam por ali
Um riso solto e o corpo flexível
Nós seguimos rijos e taciturnos
Sisudez forjada pelo tanto
De literatura consumida
Não produzimos o suficiente
Para o registro da existência
Nenhum filho ou filha
Sobre quem despejar angústias
E as intenções vencidas
Um dia havia aqui um cinema
Ilusão movente dos espaços
Hoje é uma loja de calçados
Vemos a moça se abaixar
Para calçar o pé do homem
Que profissão, meu Deus!
Nem mesmo os monges...
Ali vai um vencedor
Acena-nos de longe,
Inquieto e apressado
Talvez o medo de que
Nossa lenta derrota o atinja
Essa atração por abismos

Sempre nos mantivemos
Fiéis à coisa nenhuma
O frenético nada
Que nos entope as narinas
Seu traje é bom, mas
Mesmo novo parece gasto
Finalmente entramos no café
Os ônibus passam levando
E trazendo pessoas que talvez
Nunca tenham ouvido falar em
Carlos Drummond de Andrade
E mesmo assim, você e eu,
Insistimos nessa crença
Essa inútil crença na poesia

O mundo acaba ao cair da tarde
Vou até a janela assistir
Aos suicídios dos que não
Querem morrer com o fim do mundo
Uma mulher jogou-se do apartamento de cima
Mexia uma panela com sopa de mostarda
O cheiro invade o recinto e chega até o quarto
Onde as crianças montam
Um quebra-cabeça de mil peças
O mundo esmaece as cores
Enquanto o poeta rabisca uns versos
Para um amor que nunca existiu
O mundo, por coincidência, é redondo
E pra onde nos viremos, há perguntas do tipo
( ) M ( ) F
Agora cai o último pedaço
Bem dentro da minha xícara
Dou um gole grande e sinto
Quando atravessa a garganta
Sinto saudades de quando era apenas
Um mundinho esperneando em meu colo
E fazia xixi nas calças
Sem pensar que um dia iria se acabar

Um caminhão de amor cego e louco
Tombou a poucos metros daqui
Caíram várias cartas derramadas de sentimentos
Rolaram cabeças perdidas
Mãos abanando adeuses sangrentos
Confissões e perdões implorando
A volta de uma história fracassada
Em plena terça-feira, o motorista
Distraiu-se ouvindo bolero
Na curva, bem no ponto em que a cantora
Clamava um *"El dia que me quieras..."*
O braço malhado e forte não segurou
E foi uma, foram duas capotadas
Era muita a velocidade
Suspeita-se de que havia lágrimas na pista
Os moradores das imediações onde se deu o ocorrido
Carentes que estavam de histórias passionais
Voaram em cima do carregamento
Agarraram com as mãos falidas
Os restos de amor cego e louco
Espalhados no asfalto
Agora, depois de muitos se dispersarem
Restaram somente os incrédulos
Aguardam a perícia para avaliar
Se de fato o carregamento
Trazia uma mercadoria autêntica
Ou era somente coisa falsificada
Tentando se passar por amor

"Qualquer coisa, mamãe liga"

Estou sozinha e acabo de cair
Inútil a tentativa de erguer-me
Minha cabeça encostada ao piso encerado
Mantém-se quieta, brava
Poderia, se quisesse, alcançar o celular e chamar o filho
Primeiro nome da agenda: para as emergências
"Qualquer coisa, mamãe liga, eu corro!"

Uma paz rarefeita me abraça
À aproximação curiosa
Da barata que habita a cozinha
Minha irmã de sustos e confidências
Talvez seja esse o momento
Se eles me livram de mais essa
Não sei se escapo da próxima

Lamento por sua adolescência tranquila
Sem os dilemas de pai e mãe
O rosto no espelho demorando-se
A reconhecer algo original
Lamento que você se arrumasse rápido
E seu estilo fosse tão moderno
Você corria sem pressa para diversões
E elas eram muitas
Você sempre emoldurada por alguma diversão
A face em brasa e um riso insistente até a hora de dormir
Eu a vi muitas vezes
Você deslizava de patins e a tarde parecia te perseguir
Com seus raios ofuscantes furando as nuvens
Tocava uma música no meu *walkman*
E eu cismava com esse nome "*walkman*"
Como se só os meninos pudessem ouvir
A música me fazia enxergar você como um holograma
Talvez você quisesse se aproximar
Mas que assuntos poderíamos ter?
Lamentei tanto quando soube que você tinha se matado
Sempre que vejo uma pessoa feliz demais,
Dessas que se destacam da gente comum
Com pensamentos comuns do tipo: "Por que
Essa droga não pode se chamar *walkwoman*?"
Quando vejo pessoas irresistíveis de tão felizes
Sinto vontade de tirar os fones de ouvido e dizer:
— Escuta só essa aqui... Olha que triste que é essa letra...

Narciso inquieto
Procura a beleza
Onde está?
Em que espelho se oculta?
Sem ela não sobreviverei um único dia
Os dedos viram páginas de livros
Embebe-se de poemas e álcool
Tem ansiedade de sexo
E artifícios que transportam a máquina
A ilhas de felicidade provisória
Com isso criar objetos de enternecer
Até voltar a cair no limbo escuro
De sua solidão
Onde está a beleza?
Os cabelos já começam a branquear
É preciso encontrá-la antes que tudo esmoreça
Caminha pelas ruas, sente vaidade e tédio
Em iguais medidas
Seus olhos marcam outros olhos
Sedentos da mesma sede

Palimpsesto

Certa manhã da infância
Os dedos seguem a trilha-formiga de letras
Um jacaré sai do bueiro
Invade a cidade
Olhinhos ergue o rosto e flagra
Todos calmos na sala de aula
Aquela masca chicletes escondido
Outro apalpa a moedinha do lanche,
Crê piamente na passagem das horas
Quando num salto todos terão que correr
O jacaré é gigante
Ergue-se acima da cabeça de um funcionário público
Com sua valise 007 — o pai sempre quis uma dessas
Escreve-se *alligator*, mas lê-se "aligueitor"
E gay é outra coisa
[Quando chama algum homem de fresco é igual]
A leitura é silenciosa, mas as longas unhas do jacaré
Arranham, ferozes, o asfalto impresso na página
Aula de *Comunicação e Expressão*
A professora desenha palavras no quadro negro
As pontas dos dedos tocam a poeira branca do giz
O jacaré está prestes a ser capturado
Coração dispara
O tempo na sala flui suave
À velocidade do embrião, na prateleira de ciências
Preso ao útero verde da garrafa de vidro
Dedinhos viram a página
Uma multidão corre desesperada
O sinal estridente abre a jaula invisível da aula
O jacaré é preso.

A professora balbucia palavras inaudíveis
Todos correm para a liberdade.

A nova geração
Ora, a nova geração é exatamente
Isso que você está vendo
Carradas de ansiolíticos e fones de ouvido
Descarregando músicas melancólicas
A mão charmosa de onde pende
Um cigarro (filtro vermelho)
Depois, aquela festa na casa do novo melhor amigo
Faz tempo que a gente não se vê, hein?
Tem pó?!
O papo em torno da nova temporada
Daquela série imperdível
Semana passada o casal mais sensacional separou-se
E agora ela exibiu na página
Um depoimento de rasgar o coração
É bom mesmo que ele suma por um tempo
E volte com um trabalho original
A nova geração arrasta a ressaca
Dentro de um Uber
Ou mesmo naquela linha que sai do centro
E percorre toda a parte parda da cidade
Descendo no terminal
Entrando numa casa onde vive
A mãe e talvez um pai tão iguais
Tranca-se num quarto bagunçado, acende um baseado
E lê aquele poema em que o Bukowski escracha
— Foda-se a nova geração!

Cabeça de vento

Arrebatar um coração
A letra escrita no caderno
O corpo diante do espelho
Os pelos, as carnes
Gordinha demais, amor
Emagreça um pouco
Também, não para a boca!
Que é isso?
Está que é só osso!
Essa menina não come?!
Só lê e dorme
Lê e dorme
Lê e dorme
O primeiro amor
Vamos sentar ali naquele banco
Você não acha que deveria
Quando a gente tá feliz
Ou bem triste
Pode ser triste também
Tocar uma música
Em torno de nós
Que combinasse
Tipo filme
E ele querendo pôr
A coisa dentro da coisinha
Não, meu bem
Primeiro a gente podia
Sei lá, passear
Dar uns beijos levinhos
Pra ir esquentando

Olha! Minhas mãos suam
Só de pensar
E ele dez dedos pra cima
Dos peitões mamões melões
Você é gordinha
Mas gordinha também
É bom que dá pra gente
Dois mãozões nos peitins
Orra! Você não tem carne
Nesse corpo
Mas até que essa bundinha
Em casa o caderno de confissões
O amor é só isso, então?
Tá na mesa, venha comer!
Vá devagar, olha essas banhas
Come tudo, saco vazio...
Os pentelhos despontando
Uma espinha aqui
Outra, oops! Espremi!
Masturbação é quando
A gente pega a mão
[da gente mesmo]
E vai fechando os olhos
Não dói não, sua boba
Os meninos fazem
Mas pra eles não é pecado
Depois me diga o que achou
Tá bem?
Digo não!
Bença, pai! Bença, mãe!
Boa noite! Até amanhã!

Ana Marie sabe sorrir para a câmera
Nem quatro anos e desvendou
O mecanismo estético
A exigir do rosto o uso inadvertido
Dos músculos numa careta de riso
E por que o faz, sendo a pequena
Isenta dessas intenções?
Ilhas e ilhas de edições até que
Narciso surja em sua forma
Mais discreta
Face suspensa no lago
Contorno suave, entanto
Carregado de amor umbilical
Dos que puxam, afogam, finam
Ana Marie nada disso busca
Além da diversão *high-tech*
A máscara, nitidamente *fake*
Brinca e desconstrói
Nosso desejo de flagrar
A distração da beleza
Diana em seu momento íntimo
Longe dos olhos de Acteão
Ana Marie apruma-se em pose
Abracadabra um sorriso
O *close* registra o truque
Findo o teatro, põe-se séria
E declara, braços pensos de espera:
"Mamãe, eu quero sorvete!"

uma árvore num jardim

Acaso compensa esse peso:
Repetições
Repetições
Repetições
Tudo esvaziado
Enche-se de si mesmo novamente

Tontas de beleza, flores fenecem
Seu veludo rubro converte-se numa espécie de roxo
Os chamuscados do capim
A ponta aguda do anzol
Rasga as águas sem dor
Isca viva engolida
O peixe abocanha sua última fome
Intimidade do sexo em colisão
Com veredas úmidas de desejo

Hoje, somente hoje
Além do que estava previsto
Uma felicidade passeia
Seguindo as ondas do nado da sereia

Domingo

Um marimbondo passeia entre a roseira
O vento embala os galhos altos da amoreira
Você faz café e enche um copo
Com gelo até a borda
O céu desenha e apaga nuvens brancas
Num movimento inquieto
E como se não bastassem
Os quatro movimentos do prazer
A canção de Joni Mitchell
Percorre os cantos da casa
Como uma criança que procura
Surpresas escondidas
Mais tarde, o silêncio insistente da chuva
Inundará a memória dos corpos

Um frio
Esquento tuas mãos
Teus pés
Um cubo de gelo
Esconda-se aqui
A gravação ficou engraçada
Repita mais uma vez, por favor
"A gravação ficou engraçada"
Não. Aquela outra frase
Seu nariz está sangrando
Alcança com a língua o fio de sangue
E depois lambe meu rosto
Temos um dia de folga

Tarot

Vou confessar, querida
Tenho isso de gostar dos loucos
Observo de longe o jeito que eles comem com os olhos
Com você foi assim
Esse esmalte vermelho sempre em dia
Esse passado colado no álbum com cantoneiras e papel vegetal
Quero a receita completa
Desde o suspense antes do desfecho da trama
O disparo, teu olho assustado pra câmera
Por trás da palavra pêssego corre um rio espesso
Mordo a palavra pêssego
E as comportas desabam — uma cidade inteira vem abaixo
Corremos, corremos para bem longe do *set* de filmagens
Vida real é um cão dormindo no silêncio da tarde de um domingo

Até o verão explodir
O jardim todo vai se rebelar
O jardineiro não vence a pletora de galhos
E os gatos saltam e se agarram
Afagam-se em línguas e patas
Uma trilha sonora antiga
Atravessa a sala e se envereda
Pelos quartos onde o sono dorme até tarde
Vem aqui! Corre aqui, vem ver!
Segui quando teu dedo apontou
O brilho da lesma gravado na pedra
Veja! Estão por todos os lados
O padre disse que assim são os pecados
Ficam gravados como o rastro da lesma
Ele deve ter sido criado numa cidadezinha
Numa casa com jardim igualzinho
Quando se apagarem as luzes do mundo
As pessoas todas prateadinhas
Sairão às ruas, soltas, feito crianças
E mesmo no escuro, os pares vão dançar

Deixe-me falar desse diamante
Dentro de teus olhos
Tua pressa em arrumar o navio
Antes que venha a tempestade
Tem tanto tempo
Nem lembro a primeira vez que olhei e pensei
Cara, ela tem uma luz
E a vida jogando as peças
Num tabuleiro esquisito
Mas eis que vem um verão
E o vento morno de Narciso
Sopra o eterno em teu rosto
Apontem os lápis
Anotem como o acaso trabalha
Sem qualquer movimento forçado
Os dedos quentes da noite
Na borda das janelas: espiando a vibração
Você já sabia que a gente ia se encontrar?
Não lembro o que respondi
Mas talvez tenha pensando na inteligência
Com que as almas se medem
Além da cápsula de carne
Fora do alcance dos signos
Sylvia e Ted: a festa
E eis que teus olhos de diamante
Entram e enchem a sala
Como uma estátua que se movimenta
A energia circulando, tudo vivo e moldável
Uma borboleta para o voo na altura do teu nariz
Que presente, meu bem
Estonteante e sólido e cheio de diversão

Não façamos projeções
Os deuses não compreendem o tempo fora do tempo
Qualquer segundo perto de ti calibra a órbita de estrelas
Hey, baby! Turn the lights off
Por aqui, uma chuva terrível
Roupas por lavar, cerveja quente
Por aqui, tudo realizável
E eu penso: está tudo bem
A finitude é tão intensa
Posso sentir na água que sai da torneira
Percebo o tédio embutido
Em cada palavra falseada
Onde as pessoas aprenderam isso de fingir e fingir?
Sua mãe não quis comentar
Mas sei que ela sofreu na pele
Por saber que você estava
Completamente envolvida
Com alguém "sem futuro"
Seu pai não se interessa
Por esses assuntos de mulher
Não leva em consideração
Lambidas contraceptivas
Está mais interessado
Em saber se o investimento
Nas casinhas de aluguel
Terá um retorno compensatório
Voltamos pra casa aos domingos
Com aquele pedaço de torta
Dentro do *tupperware*
"Não misture com os teus
Semana que vem, busco lá"
Não teremos aquele tesão do começo
Mas nada impede que a mecânica

De nossa intimidade funcione
Aquela fome urgente
Não saiu na edição principal
Essa natureza quente da publicidade do amor
E a forma, sobretudo a cafonice das formas,
Como é que a literatura ainda sobrevive!
Nós duas, sócias do Clube do Silêncio
Sério! A gente prefere a gente
Você nua é tão bonita
Esse acordo não tem como quebrar
Aliás, essa tua vontade de ser feliz
Olha, vou tentar não interferir
Penso: "Tomara que ela consiga"
E o domingo escorre lento
Uma paz como um vazamento, um prurido
Como as formigas que surgem
Em sua diligência e força
Uma paz como nunca se ousou antes

Vem, coração
Acalma teu ritmo
Há desesperos que surgem mesmo em dia claro
Formigas marchando entre flores
No enterro de um besouro que há pouco
Zunia o motor das asas tonto de uma alegria viva
Não gaste tua potência com superstições de datas
Esteja atento à fonte de silêncios que teus olhos gritam
Esse misto de alegria desesperada
Um tesouro desperdiçado junto a fezes de bichos
Cuja existência delira entre noites de festa e manhãs azuis
Mergulhadas em angústias químicas
Tua figura emoldurada de sons
Dança em torno da árvore onde um deus chora cristais de tempo
Aquieta-te para dormir sem medo do que os dias te reservam
Tua força atrai fraquezas que exaurem teu amor mais puro
Aquieta-te, coração
As nuvens, nesse juntar-se e afastar-se,
Sabem de ti mais do que os que te fazem sombra no centro de tua luz

Recado

Preciso que você veja
Entre as coisas esquecidas
A louça suja na pia
O mofo pousando cruel na doçura das frutas
Observe, por favor, se não deixei
Naquele canto do quarto
Por onde os insetos entram
Na ferrugem do ferrolho da janela da cozinha
Essa que sempre te acorda
Quando eu insisto em abrir
Assim que o sol se ajeita melhor no céu
Procure na caixa de areia dos gatos
Entre os pelos dos bichanos
Onde correm as pulgas que não matei
No desgaste da bicicleta largada no jardim
Talvez no banco de trás do carro
Que estraga estraga e você conserta
Olhe também embaixo das espreguiçadeiras
Na água amarga do jarro de flores
Que você sempre se esquece de trocar
Na ansiedade que antecede a raiva,
Quando a moça do *telemarketing*
Não atende, não atende, não atende
Sua solicitação
Entre os livros da estante, tantos não lidos —
Em eterno estado de espera e culpa burguesa
Nas mil declarações de amor que lhe chegam *inbox*
Vigie se por ali, no cheiro do café
No pão cortado, os farelos sobre a mesa
No silêncio entre as notas de sua música preferida

Dá uma olhada se não larguei por esses cantos
Os sete pedaços do meu coração

Encontro Laura no meio da tarde
Faz calor
Estamos cansadas desse verão infinito
Reorganizo meu modo de ver pelos olhos de Laura
As lembranças envolvem música e imagens
Provocadas por lâminas, agulhas, espelhos
Lembro-me de ter conversado com o poeta
Sobre como as relações e as sensações...
Tudo tão banal, tatuagens num corpo gourmetizado
Vasculhar entre uma série de rostos
O próximo grande amor
Marcar promessas intensas
De um futuro [pra viagem]
Desperdício viver sem vícios
Mas sou eu que amo o passado e que não vejo...
Já com outro nome engatado
E uma fome uma fome uma fome
Engulo uma pedra de gelo sem mastigar
Tenho essa predileção por corações despedaçados
O corpo adormece sem memória
Laura tem lidado com questões urgentes
Esmagando um paradigma vivo
Com as próprias mãos
Enquanto por trás do riso
Guarda uma notícia triste
Dessas de fazer qualquer mãe
Desatar no choro

Não desmaie, meu bem
Ainda não
Espere até o refrão
É bonito e talvez você resista
Até amanhã
Veja que de ontem pra hoje
Uma flor se abriu
E descobrimos que a gatinha
Na verdade era um gato
Tinha bolas penduradas
Estávamos admiradas com o quanto
As fêmeas são diferentes dos machos
Por essa não esperávamos
Mas isso não muda nada
Contigo o agora é infinito
E a realidade, uma
Atualização permanente da ilusão
Dentro de seus olhos, o mapa do labirinto
De tudo o quanto sinto
Disseram-me que apesar da febre
Estou muito melhor
Espere, então, não desmaie ainda
Mantenha-se suspensa na música
Pelo menos até o próximo verso
Uma criança manca dança
Mais lindo que qualquer bailarino

A hora de maio
Entre duas e três da tarde
Quando os anjos sopram
As folhas dos galhos
O menino cochila embaixo da árvore
Livro caído ao lado
Nenhum presságio fecunda
A nuvem de sonhos
Sua juventude o resguarda
Do medo de estar vivo
Cordeiro das ruas escuras
Entrega o corpo às sensações
Vive-se só uma vez o que se vive
O beijo de hoje
Acolhe-se na sombra do abraço de ontem
Rimbaud e Basquiat trocam sorrisos
O risco de um é o verso do outro
Dionísio sopra seu hálito
E atrai almas para a fonte
Onde nascem as paixões
Quando acordar, o menino
Sacudirá as folhas do corpo
E andará pelas ruas
Pobre e faminto
Como um verdadeiro deus

Amor, essa rima pobre

O amor não vem quando você chama
E ama só o que lhe convém
Como o trem que aponta na estação
E você saiu pra colher amora
Bem naquela exata hora
Perdeu o amor, perdeu o trem
Esperou tanto que se cansou
Dormiu entre cobertores vazios
Acordou tonta, cheia de frio
E o amor?
Você desistiu, foi viver
A vida só sua por merecer
Com o restinho do que restou
Daquele vício de ter um amor
Regou suas plantas, pagou suas contas,
Amansou o silêncio dentro do olhar
Aprendeu a sorrir com a mesma facilidade
Com que sabia chorar
Com o corpo já refeito
Dos desvarios da dor
Sem querer saber disso de amor
Olha que ironia! O amor te olhou
E você já longe de tantos confrontos nem se abalou
O amor ficou

Sem açúcar, *Monsieur Prévert*

Uma pessoa bonita num domingo de manhã
Pouco antes de acordar
Não perturba a chuva
O gato salta sobre os lençóis
Faz amorosa vistoria no espaço
Uma pessoa bonita num domingo de manhã
Sente cócegas nos cílios
Em poucos segundos os olhos se abrirão

Uma pessoa bonita num domingo de manhã
Ajusta os pés nos chinelos ao lado da cama
Não vê o homem da floricultura erguer a porta da loja
Olhar de um lado a outro como se avistasse o mar
E só então começar a carregar para fora os vasos com flores
Não vê quando a cadela se aproxima da loja
E deita-se próximo a um vaso com gérberas

Uma pessoa bonita num domingo de manhã
Coça a perna e boceja largo sem que
Nenhum pensamento a confunda
O sinal de trânsito na rua ao lado fecha
A motorista do carro amarelo
Retoca o batom e olha-se no espelho
Como se procurasse alguém numa festa

Uma pessoa bonita num domingo de manhã
Prepara o café
Vai até a janela com um livro de poemas
Assenta-o na mão, separa as ondas das páginas
E alisa o gato

Estátua de silêncio enquadrada de luz:
"*Amoldei meus pés ao teu caminho*"*
Barulho de sirene numa esquina próxima
A cadela ergue a cabeça e o corpo curiosos
Dentro da loja, o florista corta uma fita vermelha e com ela
Dá três voltas e um laço num arranjo de rosas
Mais tarde essas rosas serão vendidas a
Um marido infiel e dedicado à família
O borbulhar do café inunda de aroma a cozinha azul

Uma pessoa bonita num domingo de manhã
Fecha o livro
O verso do poema, pássaro-palavra,
Bate as asas na gaiola infinita dos olhos

Uma pessoa bonita num domingo de manhã
Abraça a xícara quente e leva o café à boca
O dono da loja de flores não vai notar nada
Nem a mulher no carro amarelo
Ou o marido infiel dedicado à família
O gato já sabe e talvez o cão descobrisse
Mesmo uma pessoa bonita
Num domingo de manhã
Sofre tristezas intensas

*Hilda Hilst, no poema XXV (*Insensatez e Sombra*)

Talvez, em vez de dizer sim
Contornar o precipício
Observando com olhos imantados
O fosso infinito
Palavras extraviam-se feito chaves
Documentos da bolsa de alguém de quem se diga:
"Distraído demais, perde tudo"
Não, minha estrela da manhã
O que se quis dizer com toda a verdade
Escondia-se entre a trama do tapete
Como aquele farelo de pão que ali resiste
Quando se quer deixar tudo limpo e organizado
Sua voz atravessa ondas de Graham Bell
Em meio à voragem do dia
Ainda por cima esse mormaço de abril
E a expectativa de que os budas assim desejem
Em maio as coisas entram nos eixos
Pressinto o peso de sua voz
Você me conta como seu coração
Foi fatiado sem piedade
Suportando tudo como um jogador
Com o bolso vazio e o bilhete nas mãos
Vendo o cavalo em que apostou ficar cada vez mais atrás
Perplexa ao perceber a cilada em que se meteu
Mesmo que a intuição advertisse:
"Não caia nessa outra vez"
Desenho pelo tom de sua voz
Um rosto contendo um grito
Agora já aconteceu
O que se pode fazer a partir de então é burlar
Essa fórmula enviesada de destino
Deixar tudo acalmar e permitir que a lama descanse

No fundo do vaso, enquanto, no centro do coração
Pousa uma água límpida, translúcida

Outono

Um pequeno botão de rosa prestes a abrir suas pétalas
Ata-se ao ramo feito criança suspensa nos braços do pai
Talvez esse acontecimento envolva um tanto de dor
Como a parábola azul do céu envolve todo o jardim
Existe um amor em pleno estado de contemplação
A casa respira esse amor no fluxo contínuo do tempo
Os raios de sol com seus dedos longos gabaritam
O piso onde dormita um gato
A água fresca adentra a terra fecundando
A máxima raiz de plantinhas novas
Bicicletas a um canto, teclas de um piano:
A possibilidade de escolher entre o vinho e um café
Enquanto as horas crescem no estalar de fagulhas
De uma imaginária fogueira
Palavras e risos fraternos zumbem como abelhas
Atraídas pelo mel de uma noite quente
E depois que todos se forem, o silêncio pousará
Como um beijo sobre a memória das coisas

On the road

Deixe-me explicar, Louise
Não é bem assim como você pensa
Nada disso de filhos ou grandes planos
Nem mesmo um gato, Louise
Eu já amei tanto aquele cara que
Aguentei ficar junto dele
Mesmo depois que não o suportava
Agora estou com você, Louise
Mas não me peça nada além
Dessas nossas pequenas diversões
Você sabe, Louise
Não se faça de burra, querida
Isso eu sei que você não é
Você jamais seria burra de não
Abrir as pernas pra mim
Naquela noite depois da festa
Você sabia, Louise, que esse posto em que nós
Paramos pra abastecer seria o último
Depois nós duas, as mãos dadas e o abismo
Aquele frio, aquele frio cortante na barriga
É só isso que tenho pra te oferecer
Além dessas flores rasteiras que seus olhos
Avistam pelo caminho

Seus olhos
Só eles guardam o segredo do mundo
Essas dádivas que te escapam de mãos distraídas
O desejo de atravessar a película sutil do dia
Compensando o tanto de luz que a noite te subtraiu
Amo o modo como às vezes falseias o passo
E retornas esquecida de algo
A cabeça inclina-se e te convertes em estátua
Esculpida na lápide da memória
O riso escapa de ti como água que estoura
Da fonte das primeiras chuvas
É música ressoando em mim quando teu fôlego
Persegue a trilha do gozo prestes a vir
Amo mesmo a inconstância do teu amor pelo que
Não sustenta o fogo que queima em ti
Teu desespero branco por
Querer sempre o momento
Em que as horas rompem a crisálida
E o dia expande as asas liberto
De obrigações e compromissos
Tudo o que amo é essa forma simples
Que ofereces ao mundo
Com a gentileza dos que sabem
Que a vida exige de nós
Nada menos que o máximo
Do amor que merecemos

Acordes

Caberia pensar no amor
Esse amor particular entre nós,
Seu corpo nu sobre a cama
Coberto apenas com o gás que escapa do meu olhar
Caberia reduzir o mundo a um quarto
Esfera morna a girar lentamente
Redoma de luz que se expande e se comprime
No íntimo ritmo com que
Sorvemos o ar carregado de odores
Seu cheiro ao meu misturado
Universos a ser explorados
O desenho dos lábios, cores úmidas e macias
Suas mãos de pássaro a lançar-se num primeiro voo
Olho aberto dentro de nossas águas
Tudo isso ofertado como uma joia preciosa
Brilho aceso na distração do tempo que, bem sabemos,
Captura todas as formas em armadilhas mortais
Amor, essa abstração de instante imediatamente antes
Uma bomba lançada na paz de nossas horas
Sua frase cortada ao meio, o desenlace de mãos
Nossos corpos expulsos de sua calma realidade
E arremessados à perplexidade inerente à toda morte
O que não admitimos e negamos
E fingimos sempre, mas sabemos:
Por enquanto, somente por enquanto,
Poderemos pensar e sentir e cantar o amor
Depois nunca mais, não mais, não nós

Hipster

Lídia vê filmes antigos
Trocou o iPod pela vitrola
E ultimamente pensa
Em descolorir os cabelos
Daquele jeito, sabe?
Que fica assim meio branco
Ela quer porque quer
Inventar uma velhice
Onde apenas existem
Sua pele esticada e suave
E a infância boiando
Na piscina branca do olhar
Conversamos uma tarde dessas
Num daqueles parques
Entupidos de jovens
A deprimir os sobreviventes
Eram quatro da tarde de um outono
E o tempo exalava eternidade
Por todos os poros
Lídia cortou uma tragada no meio
E me veio com essa:
— E suicídio?
— Também não se usa mais...
Depois saímos à procura de sorvete

Ah, o amor
Essa maçã mordida que escapou das mãos
Foi parar embaixo daquela cômoda
As formigas em fila devorando suas fibras
Num dia de faxina
Abrem-se as cortinas
Afastam-se os móveis
Suas sementinhas largadas
Os dedos buscam averiguar que fruta é aquela
Mas que importa?
E as mesmas mãos lançam pela janela
O que restou do amor
Por sorte cai no jardim
Por sorte é um dia de chuva
Por sorte a semente afunda
Olha, brotou um raminho bem pequeno
O cão fuça, arranca com os dentes e depois
Cavouca a terra puxando as frágeis raízes
Mas era domingo e o jardineiro acordou aquele dia
Com uma disposição danada

Penso em ti
Com o impulso do susto
De quem ouve — entre silêncios
Estrondo de vidros quebrando
Não sei de que substância
[E qual peso]
Consiste a imagem
Dessa súbita falta tua
Por baixo de minha pele
Na película gelatinosa dos olhos
A forma duplicada entre o que vejo
E o que desejo ver
Sei que carrega a eletricidade
Da primeira palavra pronunciada
E imediatamente compreendida
Guerras íntimas vencidas
Esferas do acaso coincidindo
Um corpo diante do outro
E o sopro de um breve destino
Marcado de riso e medo
Tons etílicos de sílabas sibilam
Saber-se suficientes meus olhos moventes
No labirinto dos teus

Les beezzz

Feliz em saber
Isso de você ficar
Possuída
Por palavras
Feito abelhas
Às três da tarde
Em volta de sua cabeça
Olhos vadios na janela
"Não fiz nada hoje, *chérie*
Tentei desgraçadamente
Escrever um poeminha
Pequeno
De pés delicadíssimos
Numas havaianas de tiras azuis
Um poema apenas
Daquele tipo:
'Agora tenho mesmo que ir, querida'
E um beijo rápido
E mais uns beijinhos
O poema me acompanharia
Até aquela porta envidraçada
Lá de fora eu veria
A paleta de cores
Num esfumaçado Monet
O corpo pequeno do poema
Que também me olhava"
Felizbliss e ainda por cima
A ponto de enlouquecer
Todos à sua volta
É isso ou estou errada?

Um rádio ligado
A música corre
Pra perto de ti e quer brincar
Às vezes rola esse desequilíbrio
Aos nativos de Libra
Com ascendente
Em "Venha logo, meu amor!"
Tenho saudades!
Predileções por anedotas
Literárias, nós duas
Pensamos parecido
Sendo que antes
O medo confundia tudo,
Mas agora...
Agora volto às abelhas
De palavras em torno de ti
E o dia é todo mel escorrendo pelos dedos da tarde
E invadindo a cidade dessa coisa dourada
As abelhas palavras esvoaçam
Isso é o que nos basta
Não queremos
Mais absolutamente nada

o mais fundo silêncio

Oficina

O meu namorado Joe
— Que é como ele gosta de ser chamado —
Está anos-luz à minha frente
Ele me diz: "Você é estúpida como uma toupeira!"
Ele me diz: "Fica de quatro pra mim e me dá esse rabo agora!"
Largo o que estou fazendo, me posiciono
Feito a potranca do Tio Fred
E espero bem paciente que o Joe acabe o serviço
Coisa que eu sei fazer bem, pois fui treinada para isso
Todas as vezes que nosso pai chega emputecido em casa
Tanto eu quanto minhas irmãs
Largamos o que estamos fazendo
E ficamos prontas para servir nosso pai
E sem essa de me fazer de distraída mascando feno
Como se não fosse comigo
Isso o Tio Fred aguenta, mas o meu namorado Joe detesta
Tenho que urrar e rebolar até que ele
Dê o serviço por encerrado
Acontece quase sempre
Tem vezes, estamos no carro,
Simplesmente ouvindo música
Joe arria as calças, enfia os dedos pelos meus cabelos
E me agarra bem na nuca
Então me empurra com tudo e me faz cair de boca
Mais ou menos o que fazem meus primos com as garotas
Na piscina do clube, entre risos e muita diversão
Afundam as cabeças das garotas
Até elas quase perderem o fôlego
Joe me diz: "Engole tudo!
É assim que as boas garotas devem fazer!"

E ali mesmo, com a cabeça presa entre suas pernas
Trato de fazer a coisa direitinho
Melhor do que qualquer garota
Nem reclamo nem me engasgo nem nada
Saio triunfante com o rosto em brasa
E os lábios vermelhos
Como quem se salvou de um afogamento
Nenhuma gota escorre pras pernas de Joe
Nenhuma baba na minha blusa
"Engole tudo e deixa de choro!"
Esse é um conselho que eu escuto desde pequena
"Seja uma boa garota, sua merdinha!"
Sempre foi bem comum ouvir esse tipo de coisa

Penso que é uma espécie de treinamento
E Joe com certeza teve também o seu treinamento
— De um modo diferente, claro...
Ele segura minha cabeça com os dedos bem abertos
Como se fosse uma bola de boliche
Depois empurra e empurra
A ponto de eu quase sufocar

O pai de Joe deve ter levado ele muitas vezes ao boliche
E ensinado a agarrar com a mão bem aberta
Uma bola pesada como uma cabeça de mulher
E deve ter ensinado pra ele o jeito certo de lançar
Pra ela bater com força no chão e sair rolando pela pista
Até derrubar todos os pinos
Ai do Joe se ele não tivesse jeito pra coisa
O pai dele teria ficado decepcionado
Os caras do boliche iam comentar e rir às escondidas
Isso ia ser constrangedor para o pai do Joe
Com certeza ele morreria de vergonha

E quebraria o Joe de pau até ele se endireitar
Mas Joe leva jeito pra coisa
Ele me diz: "Engole tudo, garota!"
E empurra minha cabeça como quem
Agarra uma bola de boliche

Joe está anos-luz à minha frente
Assim como todos os caras que frequentam o clube
Assim como todos os caras do boliche
Para isso eles todos foram treinados
Eu fui treinada para engolir tudo

Doble

Um centauro dorme no jardim
Sonha com joelhos humanos
Na extensão de duas pernas
De sua boca colada às folhas
Exala um odor que se forma
Dos pelos da garupa
E dos cascos de suas patas
Dois rios de sangue se misturam
Na altura do ventre
A parte gente invade o lado cavalo
Nesse instante, o moço esguio
A caminhar pelo jardim
Avista um centauro dormindo
O dorso relaxado de um homem
Preso ao potente volume animal
Pegadas fundas cavadas na terra
Bosta secando perto das flores
O arco e a flecha largados
O moço não pensa, apenas recolhe-os
Retesa o arco
Ajusta a mira e lança a seta
Num susto de abismo, o centauro ressona,
Abre e fecha lentamente os olhos
Na fina tela da retina registra-se a
Imagem de um rosto, gêmeo do seu
Cabeça pendente e arma em punhos
Faz-se a primeira tarde da eternidade

Odradek

Sustento em minhas mãos
Um maquinário construído de sonho e riso
Pousou feito pássaro inadvertido
Sua leveza adentra meu coração
E os pés gabaritam o solo da memória
Com marcas suaves de seu trânsito em mim
Do lado de fora, sua forma atrai olhares desejosos
O maquinário ajusta-se altivo
Feito águia, bicho que sobrevoa alturas
Feito cavalo, crina ao vento e peito a pulsar selvagem
Por vezes, percebo algo de aquático
Em sua natureza profunda
Do lado de dentro, os abismos manifestados
Ecos de lágrima escorrem do sexo transluzente
Cravados pelos e carnes em oferenda
À incompletude do mundo
O maquinário desdenha de sua potência
Seu brilho mapeia a cidade de alegria convulsiva
Sigo a trajetória com encanto de mambembe
Sem saber a próxima parada
Mas atenta às bifurcações dos caminhos
Sincronicidades de nuvens sob céu azulíssimo
Enquanto olho para sua sofisticada estrutura
Ocorre-me pensar em invenções de Morel
Em odradeks encapsulados
Entre monossílabos de afirmação
O maquinário abre-se na manhã de sal e areia,
Pronto a declarar sua verdade

Das coisas que contêm brilho e mistério
Prefiro as nuvens
Embora não pretenda o extravio dos caminhos
Proveniente do hábito de esquecer
As urgências sólidas do chão
Extasiados de gozo, os amantes
Evadem-se do quarto escuro e buscam sozinhos
A claridade morna da tarde
Nas dobras mucosas da memória
Sensações metonímicas explodem
Entre o pensamento e a ação
Sentir-se assim entre indeciso e lógico
Água límpida a escorrer das horas
Querer e não haver por perto o que desperta o desejo
Mas trazê-lo todo inteiro junto ao coração
É privilégio de deuses suspensos na infância da eternidade
Quando as mãos se fazem árvores
De onde brotam frutos de palavras novas
Condizentes com o nome impronunciável do amor

Quincas

Existe um gato
Respira, come, dorme
Ultimamente tem largado
Seus dejetos fora da caixinha
Quando quer um *snack* de atum
[espécie de café expresso para gatos]
Ergue a cabeça em direção à
Quinta prateleira da estante
E mia feito um pedinte até que eu o atenda

Existe um gato
Esquece o potinho d'água, salta
E mata a sede na torneira da pia
Corre pela casa driblando
Brinquedos ou bolinhas de papel
Ramos de plantas, peninhas soltas
De repente para, se espreguiça
E arreganha uma descabida bocarra
Vem deitar-se comigo em silêncio
Olha, interroga, pressente
Aguarda que o indecifrável retorne
Ao incognoscível de onde veio
Nesse mínimo olhar lançado ao meu
Suspensos nós dois
Na penumbra quente do quarto
O mistério nos rodeia e nos iguala

Voltar de novo a pousar os olhos
Nos elefantes de pedra do sertão
Passivos e silenciosos, engolem
A poeira dos dias em seu repouso sem fim
Sua silhueta búdica se alonga no horizonte árido
Lançando aos viajantes um
Bocejo azul de céu permanente
O vento morno cava superfícies imperceptíveis
Tangendo para mais longe o sentido da eternidade
Enquanto a criança que fui sonha sempre com o dia em que
Os elefantes rochosos acordem do sono
Levantem-se e partam em bando
Ao encontro de um glorioso e definitivo ocaso

As horas

Não me deixe sem notícias
Sinais de fumaça — quem sabe
Acordo assustada com os gritos
Semana passada aconteceu de novo
Dessa vez foi uma menina
A noite e seus vertiginosos túneis
Por isso, prefiro existir de dia
Salvo sua alma de um quase naufrágio
Com beijos emergenciais
Teu hálito de antidepressivos
Contra minha bala de gengibre
A quem queremos enganar?
Ainda assim, arranco um gozo
No deserto de teu corpo
Nossa transa assemelha-se àquelas danças
Em que um dos dois é um boneco de pano
Você, essa ilha margeada de tristeza
E o maldito romantismo sussurrando ao meu ouvido
Aguenta mais um pouco, só mais um pouco, assim
Desafogo-me de ti com a mudez dos soldados
Que retornam das guerras
Arrumo a casa, faço a melhor comida
Aviso que eu mesma sairei para comprar as flores
Caminho em dias de sol
A neblina do amor pesa em meus olhos
Não vou dizer, mas quero deixar bem claro
Estou contando as horas pra que
Essa temporada de eternidade acabe

Cristais guardados entre os dedos fechados
Alguma música correndo feito criança órfã pelas ruas
Sonho contigo rasgando alegria de mulher
Livre em meio a moralistas
Sua risada só Cristo decifra
Silvo de serpente que dança
Sobre o dorso de um jovem em convulsões de desejo
Aschenbach e Tadzio povoam meus olhos
Enquanto busco Rimbaud e seus delírios líricos
E aprecio por trás da vidraça
O correr das nuvens num céu de maio
Adormeça, meu amor
E sonhe e vibre e escandalize
De minha parte, vigiarei mesmo de olhos fechados
O momento exato em que asas recém-formadas
Vão romper a casca escura dos casulos

Um breve instante

Tomo um chá enquanto escrevo
O resto de tudo o mais
Dilui-se na ilusão dos dias
Ontem, por exemplo, choveu
E fez frio as horas todas em que não estivemos juntas
Pensei em ti enquanto olhava a mendiga de minha rua
Encolher-se num canto onde o vento machuca menos
Pensei no quanto amo tuas mãos de amarrar nuvens
Quando o moço viciado em *crack*
Apresentou-me o papel da receita
E pediu que lhe inteirasse o dinheiro
Para a compra do remédio
Chorei muito e odiei o mundo
Ao ler a notícia da menina encontrada morta
Com marcas de estupro e o coração arrancado
Lembrei-me do quanto amo teu abraço-mar
Em torno da ilha de minha tristeza
E meu tanto querer voou ao teu encontro
Minha alma valsou feito o violinista de Chagall
Em volta de tua figura
Será que você sentiu
Esse meu beijo-pensamento, ontem às seis da tarde?
Ah, deixa-me dizer que isso não é romantismo
Não tenho ilusões de casamento
Nem grandes festas
Em que todos os presentes esqueçam
Por algumas horas
Que chove e faz frio
Que o vento violenta a mendiga de minha rua
Que o garoto sonha com a química que o destrói

Que pelos caminhos de crianças de dez anos
Rondam homens maus que lhe arrancarão
A vida, a alma e o coração
Não mais escrevo poemas, meu bem
Sentir e dizer o que sinto
É tudo o que sei e faço
Com o desejo único de que em algum momento
Meus olhos-barcos avistem
Ainda que por um breve instante
Esses teus olhos-horizontes
Antes que se feche a noite, o sono e o sonho

Automat, 1927

No céu de Hopper
É sempre outono mítico
O tempo descansa longe das câmeras
As palavras flanam em silêncio
E mancham o espaço de uma luz vaporosa
Uma moça toma um café
Nenhuma bebida na xícara a não ser café
Nenhuma xícara sobre a mesa
A não ser aquela xícara sobre a mesa
No *hall* do mesmo hotel
Pensado por Platão
De onde todos os simulacros derivam
Ondas de solidão vibram em círculos concêntricos
Os gestos antecedem qualquer pensamento
Enquanto fora do quadro e no coração do artista
Urge o distúrbio do mundo

De acordo com o nosso calendário afetivo
Tenho observado certo prejuízo
Há três meses você não me come
Daqui do meu posto de mulher mal comida
— nem isso —
Daqui do meu posto de mulher desprezada
Olho do alto de mim e afirmo que
Estou incrivelmente apetecível
Comprei aquela blusa
Aquela luva
Aquela saia
E há três meses: nada
Você disfarça
Diz que ficou bonito
E pergunta se sobrou torta de palmito
Abre a geladeira
Procurando comida
Abre um livro
Procurando comida
Ouve uma música
Vê um filme
Escreve poemas malditos
E essa fome a girar dentro do teu umbigo
Eu disponível
Em oferta
Mas você quase nem me abraça
Há três meses estou às traças
Se eu reclamo
Você chora feito criança desmamada
Mas foder, que é bom: nada
Rapaz! O que há contigo?
Olha que eu vou dar praquele teu amigo

Foi o amor que acabou?
Não me quer mais pra namorada?
E a punheta? Ainda te agrada?
Meu corpo quer satisfação
Foi o teu pai? Tua mãe?
É aquela cisma com o teu irmão?
Agora tanto faz
Estou saindo desse exílio a dois
Três meses e nem mais um dia
Um prazo acima do razoável
Espero que você compreenda
A vida é urgente e indispensável
Olho pro teu corpo:
Ninguém ali
Apago a luz antes de partir

Espelho meu

Estávamos na sala eu e minha mãe
[Agora é que percebo que ela manteve os cabelos longos
Somente até aquele dia]
Eu lia a história de Branca de Neve
Virando as páginas assim que as personagens do
Disquinho azul alcançavam a última linha
— Terminar de ouvir me antecipava a vontade de ouvir de novo
Mal sabia que alimentava naquele gesto
O pequeno monstro do desejo incontrolável
Minha mãe fazia acabamentos na bainha de uma saia xadrez
O carro parou na frente de casa com uma freada brusca
Olhamo-nos com a mudez sincera dos que sabem que
As cenas do próximo capítulo vêm para abalar o coração
Bateram palmas lá fora
Ela largou a costura
Eu desliguei o disquinho
E toda a paz de nossas tardes
Foi varrida pelo vendaval da notícia que o homem trouxe
Sempre que ouço a história de Branca de Neve
Esbarro naquele ponto em que o caçador
Arranca o coração de um cervo

Sonhei contigo esta noite
E digo isso aqui, quando letra por letra
Desprendem-se como folhas de galhos altos
Finda a queda, reviram-se ao vento
Tingindo cores moventes no chão cinzento das horas
Não quero despertar as palavras do sono que ainda sentem
Depois de ter andado contigo por salas amplas e vazias
Sendo conduzida por teus passos de uma a outra porta
Até que chegássemos a um pátio
Aberto a uma tarde cercada por horizontes
Você voltou-me os olhos e disse: é aqui o lugar
Diante de nós, uma árvore quieta
E misteriosa como um grande elefante
E o silêncio fez-se o grito grande de Deus no meio do mundo
Depois me vi desperta e não foi mais possível dormir

Algumas aves nessa hora do dia
Bebem silêncio pelos olhos
Seus pés envoltos nos galhos
Mais altos de árvores antigas
Resumem a força de todos os voos
E enquanto aguardam a noite
Contemplam a luz esmaecida da tarde
Deslizar suave como uma espécie de chuva
Isso é não desejar nada além do
Momento imenso que se oferece
Esperar que o seu rosto se defina
E dissolva em minha memória
Feito uma fumaça que escapa da
Saudade que nem sei se sinto
E crer nas coisas exatas e reais
Como a escama do peixe que rebrilha ao sol
No momento em que atravessa a lâmina da água
E desenha uma parábola no deserto líquido do mar

Um anjo nu
De asas fechadas
Sente o mesmo que um jovem
Que sorri sem dentes
Perdeu-os naquele acidente de carro
Perdeu-os na queda embriagada
Perdeu-os na vida miserável
O anjo de asas fechadas
Caminha pela praça devastada
Onde dormem os meninos sem dentes
Algumas penas roçam leve
Os corpos deitados no chão
Às vezes, na distração dos membros,
As asas abrem-se assustadas
Assim também os meninos riem-se suaves
Ao sonhar com a terra do nunca
Onde nunca existiria a dor
O corpo tem febre e o suor escorre
Exalando um odor humano de ave
Para os meninos tudo é questão de tempo
Insone e só, o anjo negocia com a eternidade
E do ovo escuro da noite
Uma fresca manhã surgirá

O que fazer sem ti nessa cidade sem mar
E sóbria, logo cedo de manhã
Num domingo em que alguém metralha
Uma britadeira no coração do silêncio?
Antes os dias em que as noites
Findavam-se nas manhãs
Agora é preciso beber esse ar disfarçado de brisa
Olhar para um céu em que
Gaivotas cruzam só de passagem
Reler as cartas que não me escreveu
Imaginar tua letra dançando
Na corda bamba das linhas
Tua letra linda de alguém que talvez
Tenha o ascendente em Gêmeos
Sei tão pouco de ti
Primeiro me apaixonei pela tua letra
Depois é que li a gramática dos teus gestos

Um humano em silêncio é quase uma obra de arte
E se apenas olha a água correr
Como se estivesse pensando enquanto lava as mãos
É quase uma obra de arte
Desde que não se saiba o que fez antes
Desde que não se saiba o que intenta fazer depois
Um humano adulto é sempre um quase
Sustentando-se entre o antes e o depois
E a ponto de pronunciar uma palavra
No momento em que quebra o silêncio
O ar todo em volta estremece
Pronto, temos somente um humano
Prestes a desmoronar-se
De alegria, tristeza ou indiferença

Uma substância de amor
Respira na manhã
Suavemente
Cristal sob fogo
Desígnios oníricos
A pele transluz
Caixa de carne
Ramalhete de ossos
— Reverberações
Uma, duas libélulas
Se o mecanismo dos olhos
Abrir-se abrupto
A máquina do espaço
Inicia seu giro

De manhã, um susto de luz
Acorda os corpos de sua imobilidade
O quarto sustenta espelhos
Ecos de vozes, saudades ainda
Quando ao alcance
Um salto do sonho para
O espaço prenhe de obrigações
Fluxo onde respiramos
Distantes de quem amamos
Cumprir deveres, destinos, desígnios
Com o único intuito da festa
Quente de abraços e risos
A urgência do amor brinca
Nas linhas curvas do rosto

Há uma fornalha que queima ao longo dos dias
Os olhos ardem pelo flamejar das chamas
Efeitos químicos desfazem composições
Quando criança, antes de levar o alimento à boca
Mirava o rosto nos espelhos côncavo e convexo da colher
Enquanto a mãe contava a história
Do peixe que engoliu o anel da rainha
E foi pescado pelo miserável pescador
As formas do milagre são três: imagem, palavra e carne
Os pés em contato com a areia do mar
Estacam o passo e o corpo faz-se farol
Lançado à faixa branca das ondas
Repetição dos dias, dos gestos, dos sonhos
A fornalha queima em todas as bocas
Invocando a imolação dos desejos
O não querer depois da exaustão dos sentidos
Suspende o corpo acima de todos os abismos

Impossível escrever o poema
Não há, em palavras
A expressão que descreva
O modo como tuas mãos me oferecem o café
Em minha casa, aliás, estava claro
Que esse gesto de amor
Viria sempre carregado de silêncios
Meus olhos buscam os teus
Num mecanismo exato
As mãos recebem o café
Não ouso pensar
Sentir é nosso maior privilégio

É tempo de esconder a canção
Para não parecer que há alguma coisa séria
O corpo, o instinto: isto
O resto: romantismo
Mas cada memória
Silencia um grito

Quando quiser encontrar alguém
Leve sua música, esqueça as palavras
Existe uma música em toda presença
A música deseja abraçar a multidão
E com esse abraço, chamar para a dança

Quando quiser encontrar alguém
Esteja pronta para ouvir a música
As palavras que saem do corpo vão distrair
As palavras que saem do corpo
Querem mesmo é levar o corpo
Para um lugar distante do corpo

A moça de vestido verde-esmeralda
Poderia ter saído de um quadro do Klimt
Os olhos da mesma tonalidade do vestido
Sofrem a vertigem da cor
Como os suicidas que encontram o chão
Depois de uma longa e infinita queda
A beleza desmaia sobre sua figura
Abraça seu corpo com as garras terríveis
De um pássaro devorador de horas

Mas quando as garras prendem
O som atinge vastidões
É essa a música
O cigarro entre os dedos
O caminho da mão até a boca
Os olhos comunicando um leve desespero
Mas um desespero estético
Um desespero de perceber a insuficiência do mundo
E mesmo assim ter que lidar com isso

O melhor de tudo e mais bonito
É o que ainda não foi mencionado

Não vou falar da infância adormecida em suas mãos
Não posso sufocá-la com palavras
Nem calar a música em torno de sua presença

Se as pessoas do mundo gritam palavras
*Os deuses respondem com música e dança**

*Patti Smith

Para Leo Mir

Em solidariedade
Aos que se abstêm de beijar em público
Por medo de ser banidos
Insultados
Espancados
Assassinados
Decretaremos um dia sem beijos escancarados
Um dia sem abraços apertados
Nos aeroportos
Nos terminais rodoviários
Nas filas dos metrôs
Um dia inteiro sem encoxadas de adolescentes
Apaixonados nos pontos de ônibus
24 horas intermináveis sem carinhos públicos
Nenhuma expressão explícita de amor
Nos pátios das escolas
Nenhum chupão no pescoço
Na despedida da festa
Em frente ao prédio sob o olhar do porteiro
Nada de beijos rápidos e fortes
No amarelo do sinal
Sem EuTeAmos gritados
No meio da rua, nas praças, nos parques
Nenhum aperto de mãos nos leitos de hospitais
Abraços nos cinemas: interditados
Pelo prazo de um dia
Agarrar aquelas pernas no sofá da sala
Na presença de toda a família
Também está proibido pelo eterno, solitário
E frio tempo que perdurar esse decreto

Aos que se arriscarem
E forem flagrados
Em escândalos de beijos ou
Quaisquer das restrições acima
Igualmente serão banidos
Insultados
Espancados
Assassinados
Depois de encerrado o dia
Os hipócritas sentirão
Uma sede infinita de amor
E se houver sobreviventes
Beijar escondido
Estará restrito à máxima conquista
De crianças curiosas
E amantes incendiários
Nenhum amor será mais necessário
Somente máquinas, trabalho escravo
E a eterna espera pelo décimo terceiro salário

Algumas horas do dia sufocam de silêncio
Como se um anjo, o preferido,
Houvesse se escondido para chorar
E quando flagrado em retiro
Tivesse que justificar sua fraqueza
De mãos vazias e sem linhas nas palmas
Defendendo-se do delito:
"Tomei hoje a forma humana
E resta em mim indícios de solidão"
Os outros anjos deliram
De um desejo castrado de eternidades
Por não terem sido também convocados à carne
Abismam seus corpos das nuvens
Num suicídio em suspenso
E voltam a orbitar o mistério das almas
Num esforço tremendo por compreender
A experiência de carregar num corpo,
Um nome
Um destino

Órbitas

Se apenas um gato
Sob o aspecto de luz
Sob o aspecto de carne
Sob o aspecto de tempo
Esvaziado de palavras
Todo completo tanto por dentro
Os descaminhos ordenados
De vísceras e feixes de ossos
Garantindo a conversão de intenção
Em miados
E também por fora
O despesado passo pensado
E compensado
Além do artifício atávico
Do elástico salto
Se apenas um único
E pequenino gato der com os olhos
Num qualquer que seja pássaro
A mola do dia dispara
E o preciso movimento do existir
Para o vir a ser vira ser

Talvez viesse cedo, logo de manhã
As pálpebras colando de sono
Cansaço e vontade e um gosto de café
O amor espreguiça-se em pelo e presságios
Mais um passarinho morto no meio da sala
Presentes exasperados do instinto
A burocracia das horas em caixas de *e-mails*
Sente fome, sede e raiva, respectivamente
Alguma coisa úmida que se esgueira
Nas frinchas do dia
Então se lembra do sonho
Um lago denso esverdeado e
Mulheres-peixe nadando
Hoje, além de todas as estimativas,
Ela mesma sairá para comprar as flores

Fiquei por um tempo à mercê de dois gritos estancados
Até hoje boletins do caso correm as páginas dos jornais
O primeiro disfarçou-se de sussurro e
Lambia minha orelha na sala escura do cinema
A mocinha é cega! Dizia o grito
A mocinha está blefando quando diz: agora
A mocinha sai no meio da missa
Para ir gozar um cigarro lá fora
Levantava-me rápido da poltrona e fugia
Com o grito agarrado às minhas pernas
Era preciso fingir cara de feira aos sábados
Era preciso fingir cara de primeiro *drink*
Fingir também "Sejam muito felizes"
Mas o grito manchava minhas mãos de azul-turquesa
Fiz um raio X completo e o médico foi taxativo:
Você tem um segundo grito estagnado entre
A quarta e a quinta vértebra da coluna cervical
Nunca mais tive coragem de entrar no cinema
Mas me arrumava e saía para ver todos os cartazes

o canto do pássaro

Os delicados se espantam com a ousadia dos jovens
Que cobrem o rosto e vão para as ruas em protesto
Os delicados esbravejam
Há um compromisso viril de preservar o mundo
Em sua crosta lanhada de cinismo
Um dos filhos apareceu de unhas pintadas
É preciso um levante contra a imoralidade
Os homens estão se degenerando
Alguns vestem saias e dançam
Um homem dançando de saia é o fim dos tempos
É preciso assassinar todos antes que seja tarde
Um filho assim está perdido pro mundo
Mas ainda se pode salvar o mundo de filhos assim
Onde estavam as mulheres que não impediram isso?
Os delicados dormem com a
Arma embaixo do travesseiro
O latido do cão de madrugada adverte contra
O ladrão, o inimigo estrangeiro
Os delicados têm certeza de tudo e
A polícia está com eles
A Igreja está com eles
A política, repleta deles
Os delicados passeiam páginas
Pornográficas na madrugada
A filhinha do vizinho é tão linda
Já aprendeu a dizer "papai"
Têm lábios puros que benzem tudo que tocam
Os delicados desejam essa unção acima de tudo
E chegarão cedo às repartições
E formarão pelotões contra a imoralidade
E banirão todos que ousarem usar
O corpo como se fossem deuses

Os delicados estupram, insultam, constrangem
E pagam as contas em dia

O barco desliza na superfície das águas
Cedo demais, tarde demais, Lídia
E não estamos de mãos dadas
Somos crianças nesta noite nua
Meus olhos espalham uma
Revoada de pássaros nos teus
As asas dos cílios batem
Assustando o espaço com revelações
Teu cheiro lembra o mar quando
As ondas trazem sargaços à praia
O tempo encantado ao nosso lado
E tudo o mais se cala
O amor não ousa quebrar o silêncio com palavras

Ontem, por volta das 17h, horário de Brasília
Vi uma mulher cagando na chuva
Ali, num canto qualquer da calçada
Daquele bairro de famílias de bem
Ela arriou as calças
Acocorou-se e cagou
Não era um rato
Não era um gato
Não era um cão
Não era Deus
Não era um homem
Debaixo de uma bruta chuva
Quem cagava era uma mulher
Uma mulher, cara pálida!

A última sessão: um filme de amor
Casais abraçados tirando os olhos da tela
Bem na hora do longo e ensaiado beijo
Olhos caídos e a boca em pleno
Trabalho de desafogamento
Trazer para a superfície a alma
Adormecida na rotina dos dias
Mimeses na penumbra
Atores interpretam o amor
Tão completamente que
Os amantes chegam a pensar que é amor
O amor que deveras sentem
A música é interrompida, uma nova sequência
"*Maybe not today, maybe not tomorrow...*
but soon, and for the rest of your life"
Se fosse um filme brasileiro
Como na letra do Roberto, ele tinha que deixar
A amante sozinha em casa e ir pro batente
"*Depois de um café / um olhar distante / ela se perde pensativa*
Acende um cigarro / olhando a fumaça, para e pensa em mim"
Uma música completamente datada
A moça distraída em um tédio doméstico
Esperando a volta do marido
Todo dia, tudo sempre igual
Se fosse um filme francês da Chantal Akerman
Jeanne acordaria de manhã,
Faria todos os trabalhos do lar
E se prepararia para receber seus clientes
Mas não, espere, não há filme nem nada
É somente a vida suspensa em estado de paixão
Todas as cenas inéditas e inesquecíveis
Direto da lente dos olhos para a tela de um poema

Escolas

O amor, essa obra de arte
Desce pela garganta como uma salamandra pequena
A pontinha do rabo verde pra fora
Que foi isso, meu bem?
Isso o quê?
E lá vai ela deslizando goela abaixo
Enrola-se no coração com suas patas grudentas
Tenho te achado tão diferente esses dias...
O que você está sentindo exatamente?
Saudades do tipo doidas, doutor
Mesmo quando estou junto, ao lado, *garradim*, saudades
Talvez se eu pudesse engolir ou injetar ou cheirar ou fumar
Pra caber *todim dendimim* esse *amorzim*
Arranca a folha do bloco com impaciência
Carimba o CRM e assina
Olha: isso é romantismo
Você vai tomar distância todos os dias
Evite ouvir a voz, sentir o cheiro, lamber, ver,
Beijar, abraçar, também não aconselho...
Doutor, não seja tão realista!

Cercar o objeto de palavras
Até encontrar as que mais se aproximam
De sua exata forma, suas cores e texturas
O modo como o objeto sorri
Num dia claro de sol
O que vemos com nossos olhos
Jamais terá a substância animada
O sopro de espírito e matéria a quem
Foi entregue um nome, uma história
Sua suspensão etérea nos cordames do tempo
Tocamos somente a imagem refletida na
Superfície translúcida de algumas palavras

Penélope
(Depois de João)

Uma mulher sozinha não tece uma manhã:
Ela precisará sempre de outras mulheres
De uma que apanhe o seu grito
E o lance a outra, de uma outra mulher
Que apanhe o grito anterior de uma mulher
E o lance a outra, e de outras mulheres
Que com muitas outras mulheres se cruzem
Os fios de sol de seus gritos de mulher,
Para que a revolução, desde uma teia tênue,
Vá se tecendo, entre todas as mulheres.

E se encorpando em bordado, entre todas,
se erguendo manta, onde entrem todas,
se entretecendo para todas, no toldo
(a revolução) que plana livre
de armação
de impedimentos
de violências
de incompreensão
A revolução, toldo de um tecido tão aéreo
que, tecido, se eleva por si: uma nação.

Ser poeta vale menos que aprender
A atar os cadarços pela primeira vez
As mãos pequenas demais para o laço
Uma concentração que se repetirá outras vezes
Nas provas mais difíceis da vida
Vale menos que um banho de chuva
No começo, um incômodo, e depois,
A água escorrendo no rosto
Tanta alegria em meio à tarde dourada
Menos, muito menos, que
A primeira crise de pânico
A falta de ar, a ausência total
De referência de espaço
O medo gigante mordendo
As sílabas das palavras
Vale tão pouco quanto
Ouvir por telefone a notícia da morte
O silêncio dentro da comida
Guardada em potes plásticos
Tão mínimo quanto descobrir
Que a lua flutuando no céu
É a mesma para quem quer
Que esteja sobre a terra
Ser poeta não nos livra da insônia
E seus mil pensamentos ferozes
Não acompanha o homem sozinho
Quando volta pra casa embriagado
Nem dá a mínima pro amor que surgiu
Quando os dois, por acaso, se encontraram
Naquela mesma situação, naquele específico dia
Ser poeta não vale nada
É de graça

Nem medo nem esperança agarram
A mão que escreve versos

Cebolas

Um ângulo diferente é sempre algo a se ousar
E é preciso contar com o acaso
Deitada assim, no meio da sala
Um olho voltado para o nada
Pois a mente gira veloz
Mesmo com inibidores de humor
Desplugando a eletricidade do corpo
A mente pensando na outra mente original
Quando a porta se abre e de dentro tomba
Um conjunto geométrico insólito
Dentro de outro conjunto
Esferas disformes se espalham
Semelhantes e mesmo idênticas a cebolas
Cascas que mostram outras estruturas
Além das estruturas aparentes
Alguém olha e diz apenas o que vê
Um ângulo diferente exige o olhar apurado
Atravessar a aparência e apreciar em meio a sombras
Espasmos de uma luz puríssima
Atingindo esse ponto ótimo de observação
O horizonte expande-se
E as asas rasgam a carne das costas
Os guardiões avançam de olhos abertos na escuridão
Atentos ao vislumbre dos primeiros raios

No princípio era o verso — e foi aquela treta
Um poema macho caminhava pelo
Jardim das delícias feministas
Cabeça baixa, desconfiado, temendo
Enjambemar precocemente
Não sabia se encarava os
Adjetivos fêmeas abertos em múltiplas
E orgiásticas folhas ou se subia o Morro do Preciado
Para apreciar a vista do *Deuxième Sexe*
Pensamentos lewiscarrolianos estouravam
Dans la tête do poema macho:
Beba-me
Coma-me
Uma puta poeta olhou-o com desprezo
Mil dildos nas pontas de cada dedo apontavam
Sem piedade para o falolírico ser
O poema macho quieto, silencioso
Somente mais alguns metros
Cornucópias giravam liberando bucepássaros
Canoros por todo o jardim
O poema macho saindo de fininho e todo encantado
Depois do Vale das Suicidas, passou pelo
Triângulo do sagrado feminino
Voltou ao cânone oficial e contou aos seus tudo o que viu
Fecharam-se todas as páginas e marcaram
Uma reunião extraordinária
A guerra estava apenas começando
Ergueram suas taças e relembraram
A origem do vocábulo: testemunho
Mãos nos testículos, juraram que defenderiam até o fim
O seu direito de glosar dentro

Encontro a poeta num café
Já sabendo da situação delicadíssima
Então fui preparada para dizer
Minhas melhores palavras
Eu que não passo de uma aspirante
A qualquer coisa que envolva signos
Por coincidência, ela estava sóbria
Notei uns pelos de gato em seu casaco
Um inverno improvisado em pleno verão
De súbito, ela me conta uma lembrança recorrente
Um dia da infância em que matou aula
E foi com a filha do pipoqueiro
[Isso mesmo, a filha do pipoqueiro]
A um subúrbio longe
As bicicletas deixando o asfalto
E ganhando um rastro de poeira
As casinhas abertas e os velhos
Sentados em seus tamboretes
Puxando e tragando fumo como quem medita
A casa, um caos de louça suja e roupa jogada nos cantos
Mas sobre a mesa, uma manga madura
A menina pega uma faca,
Corta a casca em tiras simétricas
Nesse momento, a luz é morna e vaporosa
As duas fartam-se da fruta
E sorriem em torno de um silêncio amarelo
Percebe aquilo sobre esculpir o tempo?
O cheiro do café, as mãos, a voz
A eternidade através

Pra não dizer que não falei de amor
Num mundo em que pais assassinam seus meninos
Por não suportar que a felicidade do corpo ouse contrariar
O modelo armado para morrer e matar
Se ainda houver espaço para o amor
Ande pelo teu bairro e beije e abrace
Dentro de tua casa, beije e abrace
Nas ruas de tua cidade, cause esse alarde
Exponha teu amor como uma obra de arte
Para que os velhos assustados se eduquem
Para que as senhoras assustadas se eduquem
Para que as crianças aprendam a liberdade de amar
Além do que a forma possa determinar
Se as almas se amam, deixem-se amar
Um abraço é mesmo assustador, mas pode educar
Um beijo é mesmo assustador, mas pode educar
Dizer que um útero não é uma simples máquina de procriar
Dizer que o corpo sabe decidir o que é melhor para existir
Parar de fingir que se enquadra
Na moldura que te prende e amordaça
Partir para o que importa de fato
E todo beijo, todo abraço será um ato revolucionário

A mulher de Lot

Um passo atrás
Enquanto a cidade desaba
Todos correndo
Um tumulto dos diabos
O filho, a filha, o marido
A vizinha da frente — com quem o infeliz tem fornicado
Há mais de cinco anos embaixo de seu nariz
Como se ela não soubesse
Como se ela não tivesse visto de tudo nessa vida
Ele perguntando se a camisa vermelha
— Aquela com um só bolso no lado direito?
— Sim. Essa mesma.
Se a camisa vermelha não estava limpa e bem passada
E o filho indo no mesmo caminho
Tratando-a feito lixo
— A mãe não sabe pronunciar a palavra "estultícia". Tenta, mãe!
Estúpidos todos
Até a filha, que ela tanto ensinou
Agora andava com um centurião
Um centurião!
Maior desgosto para uma mãe
E depois dessa correria toda
Quando arrumassem pouso
Adivinhem quem prepararia o jantar?
Não teve a menor dúvida
Mirou a cidade em chamas
Uma sensação incrível
Deixar de ser uma mulher de pedra
Seu corpo inteiro puro sal rebrilhando ao sol

Respira aqui perto de mim
Os olhos de quem recentemente se afogou
Numa rotina insana ao longo da semana
E quer somente ouvir uma música antiga
Em volume baixo
Enquanto o gato rasga folhas verdes
Dos galhos do bambu
O vizinho é tão organizado que se masturba
Sempre às 2h15, madrugada
Já que você vai mesmo acordar com o barulho:
Levanta, faz xixi, toma o remédio
Seu corpo tem as proporções de um navio só de ida
As ondas calmas em paz com a baleia
Hoje é sábado
Amanhã, domingo
Tudo horrivelmente lindo

A grande autoridade saiu do casulo de sua ignorância
Soltou um grande bocejo
E finalmente opinou sobre questões superiores
Sua retórica lembrava um teorema
Bruto e nunca decifrado
Inevitável não se impressionar
Seus arrotos performáticos ao angariar citações
Varrendo junto de si os argumentos
Que criptonizam suas conclusões
A grande autoridade arrasta de um lado
A outro da sala um pesadíssimo falo
Marcando todo o território com uma
Gosma espermatoexótica
Atenção: agora a grande autoridade concentra-se
Para a pose da foto que sairá na manchete principal

Quero a revolução das bichas
Com sua força estridente
Pra cima dos pelotões e dos crentes
Quero a Revolução das Bichas na
Rua São Francisco, em Curitiba, Brasil
Onde as meninas de pelos nos sovacos
E os rapazes de barba e batom
Repudiam o fascismo martelado na
13ª vara federal da republiqueta
Quero urgente o escracho da cena selvática
Com seus tons e mil dons geniais
Botando o cu pra cima da escopeta
Mostrando a língua pro guarda
E atazanando as beatas
As bichas marchando num domingo
De céu azul e sol em Curitiba
Cavando de seus guetos os negros do Haiti,
Que tingem de cores vivas e elegâncias
A cútis anêmica do velho mundo velho
Um grande Carro do Sonho à frente da passeata
Chama, convoca-nos à revolução
Quero a São Francisco livre
Com seu cheiro de maconha
E a alegria sem a dureza fria das viaturas policiais
Espancando os deboístas que partilham
A liberdade na cidade cercada de grades
Quero os ritmos latinos e nordestinos
Os negros ritmos do *funk*, do *rap* e o *jazz* mais puro
Distribuído aos ouvidos da flor da periferia
Ávida por produtos não gourmetizados
Quero a leveza suada dos ativistas da resistência modal
Ostentando seus pedais aos assassinos do trânsito

Não quero ir pra Cuba
E, menos ainda, a fama careta da Vênus Platinada
Quero ir pra São Francisco
Pra Rua São Francisco das sapatãs felizes
E os viados liberados
Dando seus beijos de língua para espanto dos deputados

Realidade quase
As horas dissolvidas
Em suor e sangue
Saliva e sal
Joia de carne
Buscar e sentir
Expandir o mar
Na penumbra
Ulisses navega
Incerto ondular
Tentando sempre
Voltar ao ponto
Em que se saiba
Idêntico a si
Sem dispersões
Bússola lunar
Encaminha rotas
Nunca traçadas
Suave é ser
Sem pensar

Um homem diante do outro é pouco
Tão pouco
Confunde-se, aturde-se
Doa a carne, os ossos e pensamentos torpes
Olhos voltados pra estrela
Demarca a fronteira
Seu riso nervoso, dopado de sexo
Desperta envolto em convulsão confusa
Tomado de culpa, apega-se ao mistério
Faz voto, promessa é tão pouco, sozinho
Tem medo do escuro e duvida que
Esse que dorme ao seu lado
Seja garantia de trégua segura
Agarra-se à estirpe, atravessa oceano
E é sempre sozinho, tão nu sem destino
Mas sonha, quem sabe, o dia marcado
Em que o nome gravado
Seja celebrado
E dele desgarre esse medo, essa fúria
Diante do outro semelhante irmão
Que pode ferir e intenta matar-lhe
Caso ele se afunde em sono pesado
Segue vigilante
Atento, atônito, nas filas,
Mercados, becos, multidões
Diante do outro seu caro inimigo
Espelho cindido, dor e solidão

Invólucro

O que será isso
Com que se nasce
Essa sina, esse aceno
Destino incerto

Será de carne?
Gesso, talvez?
Papel carbono?
Goma de mascar?

Eu mesma tenho
A irmã também
No meio do corpo
Tanto adversa

Como uma falta
Gritando o tempo
Vazio intenso
Cheio de símbolo

Foi Deus quem fez?
A mãe quem quis?
Algum juiz?
Quem foi, quem diz?

Desenho liso
Mole mucosa
Aberta em flor
Tão desastrada

Seu nome esconde
Outra morada
Tão proibida
Tão desejada

É quente é fria
Aguada e seca
Conforme oscila
O que deseja

Vai-se crescendo
Desconfiada
De tão estranha
A anatomia

A noite escorre
Em sonho ardente
Todo o delírio
Da tarde ausente

Por causa dela
Sofre a menina
Depois a moça
E a mulher

Horror antigo
Ser devassada
Pela espada
Do invasor

Guarda em cueiros
Paninhos santos
Mil cadeados
Perdem o encanto

Estranha ilha
Para onde rumam
Aventureiros
E suicidas

Como acordá-la?
Empoderá-la?
Politizá-la?
Incêndio. E ela!

Coisa partida
Atravessada
Margem do cio
Enviesada

Coisa mil vezes
Interpretada
Analisada
E incompreendida

Coisa banida
Das decisões
Enclausurada
Domesticada

Como enfrentá-la
Assim de frente?
Espelho à mão
Riso contente?

O bicho esquivo
De unhas longas
Uivo afiado
Pescoço esguio

Todo o corpo
Transcende o ato
Eis o mistério
Desse aparato

Acho que música
Acho que riso
Verbo, talvez
Acho que filme
Longa francês
Acho que trilho
Acho que *trailer*
Acho que truque
Insensatez
Acho que tímido
Tumulto
Acho que vulto
E nitidez
Acho que dança
Acho que voz
Canção ou *jazz*
Cohen Coltraine
Acho que vem
Mas logo vai
Acho que nós
E todo mundo
Acho que sei
Acho que nem
Acho que sem
Fico mudez
Acho que lente
Acho que sente
Acho que lúmen
Acho que sêmen
Acho que ilude
Acho que geme
Acho que mente

E sentimento
Acho que corpo
Acho que via
Caligrafia
Virtuosa
Acho que sopro
Acho que rosa
Acho que fluido
Acho que tudo
Acho, só acho
E cismo e sumo
Viscoso e bruto
Acho que súbito
Voo no escuro
Acho que quero
Espero e sei
E quando acho
Perco de vez
Acho que o sim
É o meu talvez

Uma ideia de mar
O contra-terra à vista
Indo infindo horizonte
Onde a água ondulante
Faz sombra sob
A porção sobrante

Descascar uma palavra
Como se uma laranja
Sopesá-la na palma
Fincar-lhe os olhos
Na cor duplicada
Alaranjada
Escolher do melhor
Corte: a faca
O sabor ainda dentro
E fora todo o intento
A palavra não resiste
Ao meu desejo de sondar
Sua esférica superfície
Digna rotação de um signo
Mínima mimese
A parte gráfica inscrita
Casca que, se dobrada
Rente ao olho, arde
Sendo que o sumo,
Seu símbolo,
Depois de engolido
Inebria todos os sentidos

Meu poema nasceu com má-formação
Tem os membros fracos e respira mal
Balbucia sílabas inteligíveis
E não raro recolho a baba
Que escorre pelo pescoço
Sem evitar que atropele a norma gramatical
Meu poema é como aquelas bonecas plásticas
Das feiras de minha infância
Um buraco no centro da cabeça
E outro no lugar do sexo
Minhas mãos miúdas lavam
O poema embaixo da torneira
Até o fio de água entrar pela cabeça
E escorrer entre as pernas
Meu poema dorme toda a tarde
E tem insônias terríveis
Regadas a cigarros e destilados
Quando amanhece, meu poema sonha
Com a ilha de Morel
Onde a existência hologramátrica
Permite repetir sequências felizes
Por mais de três vezes ao dia
Meu poema discorda de tudo o que digo
E cospe na página que escreveu

Alguns poetas sofrem
O tempo exato de escrever o poema
Depois retornam à mobilidade natural da vida
Um passarinho aqui
Um gatinho ali
Outros não
Outros morrem de vergonha
Ah, se te contassem
Mas eles não contam
Eles preferem fingir que escrevem
E escrevem, escrevem, escrevem

Hoje um livro procurou minha mão
Quis me dizer sua voz
Os veios de seus versos
Abri-o. E as palavras
Saltaram em meus olhos
Afoitas feito crianças
Correndo até o rio
No primeiro dia de férias
Entre o pátio e a figueira
Os meus olhos de cão
Avistaram Dionísio

Falso poema

Ali, onde nadam peixes,
[Leia-se gaivotas cegas]
Abatendo-se contra rochedos
Se diante do espelho
Vislumbrar o rosto de um anjo,
Vire-o do avesso

Acenda um fósforo no escuro
E enfrente o contorno da
Sombra na superfície opaca

Delimite e compare
Cabeça e ombros projetados
Ao objeto original

A projeção, parecendo maior,
Causará, talvez, espanto
Agora tente colar seus olhos
Aos olhos nulos da sombra
Vê? Perto de ti, será
Sempre o mesmo

Depois de soprar o fósforo
Busque um pouco de sol
E repare nas flores
Forçando o espaço

Entre os escombros
No mais fundo de suas raízes
É que nadam aqueles peixes
Do primeiro verso

para Silvana Guimarães

É tarde de segunda-feira
As palavras dançam em mil vozes
Não pode evitá-las
Quer apenas dormir e deixar o corpo esquecer
Ontem de madrugada
Chegando da festa
(Sempre depois da festa os desastres
— Como se um deus não perdoasse
O cansaço de nossa alegria)
A mão segura o calcanhar
Esquerdo e, antes que o sapato escape,
Um telefone grita
Ninguém será jamais uma ilha
Do outro lado da linha,
O gemido ensaia a frase de socorro
Recompor-se, esquecer a entrega
Do corpo ao prazer vivido na festa
O amor nos impele a obrigações vastíssimas
— Sim! Já estamos indo! Fica calmo.
Procura não se mexer...
A cidade respira uma camada tímida de brisa
Os homens mergulham
Em alienações produtivas
Quem flagra sua maquiagem gasta
E o cabelo desarrumado
Não acerta uma pista do enredo dessa trama
Então ela providencia tudo
Para que fiquem bem, para que estejam bem
Nada mais do que a impossível obrigação
Agora, na tarde densa de insônia

Conduz seu fantasma ao espelho
E ele mira-se longo e compreensivo
Como se arrancasse o coração
Com o machado do "sim"

posfácio

Habitar a terra de Nod (ou avistar Dioniso)

Benedito Costa Neto

Haveria duas marcas em nossa alma, segundo certa tradição, pela via mística ou simbólica (não exatamente fácil de mapear) ou pela via cultural (que abarcaria as primeiras, igualmente complexa). Seriam a voz de Deus soprando ao ouvido que deveríamos suar para ganhar nosso pão e a voz de Deus a dizer que, se alguém nos fizesse mal, seria amaldiçoado sete vezes. Tudo isso no Gênesis, para ser mais exato: 3: 17,19 e 4: 15. Viver em Nod, após a expulsão e após um crime, é levar essas duas marcas, na fronte e na alma. Há de se ter pena, portanto, de quem habita essa terra, mas é de lá que grande parte da humanidade teria se originado, sendo que as marcas deveriam ter se dissolvido ao longo dos séculos, embora o sopro divino habitasse cada indivíduo que dela tivesse vindo, esperando voltar ao pó de onde surgiu.

Ter compaixão por esse ser que volta ao pó, Caim. Ter admiração pelos abismos: nesse diapasão se encontra a poesia de Assionara Souza. A par com isso, avistar Dioniso. Para quem deseja se aventurar pela bela poesia da poeta radicada em Curitiba, eu aconselharia que tivesse isso em mente. Eu explico melhor, na sequência.

O que seria ter compaixão por Caim? É ter benevolência pelo homem e pela humanidade. Isso me veio à mente ao ler este novo livro de Assionara e após ler um verso em específico em que ela (seu eu lírico) trata dessa questão em particular: olhar para Caim com compaixão, afinal servir a Deus e não ser ouvido, não ser aceito, não ser fisgado, não ser abençoado, a despeito de outrem, realmente é uma dor profunda. A partir daí, comecei a observar como a poeta olha para as pessoas, como ela descreve e investiga os grandes porquês do cotidiano da vida moderna, com olhar ao mesmo tempo complacente, contemplativo e dócil. Não há exatamente nem queixa nem censura nas descobertas e nos desvendamentos: há um olhar para eles, às vezes terno, às vezes deliciosamente sarcástico. Afinal, para se curar uma ferida, muitas vezes é necessário estancar o sangue primeiro — e isso pode doer.

Há um esmiuçar do dia a dia, objeto, pessoa, ação. De que serve o objeto, afinal, senão para apontar quem o usou, quem pensou nele, quem o projetou? O objeto deixado sobre a mesa, o livro largado no sofá, a colher depositada no pires, eles guardam, carregam, desvendam lembranças. É como se houvesse uma aura pairando sobre o objeto, que pode ser vista. Basta que se tenha o olhar. Os objetos, com histórias próprias, mesmo que inertes, narram uma história, transportam segredos.

Há um encontrar sob a pedra o que ela esconde, se o verme ou a moeda de ouro, sem hierarquias. A poeta esmiúça o chão, retira do lugar as pedras, depois as posiciona de volta. Fiquei pensando no trabalho do arqueólogo que, após escarafunchar o sítio encontrado, precisa recompô-lo num museu, assim como era, mas ele e nós sabemos que não é mais. Transportar algo, afinal, sempre traz riscos, seja o da perda, o da trinca na superfície da cerâmica, seja o desgaste, como aqueles guerreiros de Xian, que perderam a cor tão logo encontraram o ar moderno. Mas eles continuam ali, mudos, como há centenas de anos.

Nesse processo, o interior e o exterior se misturam, como não poderia deixar de ser. Ao observar o objeto, ela encontra ali "eus" e "outros", ou seja, vozes possíveis que os habitam. E como olhar para os objetos e revelar o que ali se gravou, amalgamou? Então voltamos à compaixão: ela analisa a mão que deslizou sobre a mesa, a gota de suor durante o ato de amor, o céu que nos cobre. É com rigor arqueológico que a poeta faz isso, e com cuidado. A mim parece que ela não deseja despedaçar as coisas, tampouco as unir. Deseja entendê-las. Entender as coisas não é, exatamente, amá-las, mas sem um tipo de amor/paixão/interesse não se entende nada. Assim, a poeta encontra almas perdidas ou esquecidas nos objetos, como se tivessem uma única voz.

É aqui que a compaixão por Caim encontra Dioniso. A presença de Dioniso vai além da constatação de que *a verdade estaria no vinho*. Tal tradição medieval — tão citada e aparentemente tão verdadeira — é um eco já longínquo do que povos do período clássico pensavam sobre o vinho... e sobre a criança. A verdade estaria na voz de quem bebe, liberta dos grilhões sociais e das convenções, e na voz da criança, ainda não maculada pelas mesmas convenções. Não tolamente, séculos após os gregos, Andersen colocaria uma criança a dizer que o rei está nu. Ela não é perversa. Ela é ingênua, mas verdadeira. Essa criança que grita em pleno século XIX terá tido antepassados no pensamento clássico grego e depois romano. De um modo ou de outro, tal tradição sobreviveu. Mas na poesia de Assionara, a presença de Dioniso (citado aqui e ali em versos) é mais complexa: ela é a junção mesma entre o apreciador do vinho e a representação da divindade, que aponta para a "verdade". Assim, em vários poemas temos o desvelar, o retirar de véus, para que se chegue ao âmago, que, por sua vez, pode ser uma decepção. Na procura pela verdade, podemos encontrar o oceano e nada mais.

Em Ésquilo, temos que "o bronze é o espelho do rosto e o vinho o espelho da mente", e Plutarco terá convenientemente documentado: "o que permanece no coração do sóbrio está na língua do bêbado", segundo Renzo Tosi. Em outras tradições, temos que o vinho "alegra o coração dos homens". Nesses poemas, porém, não temos um rir das coisas, mas um sorriso para as coisas. Assim, aproximamo-nos mais de certo pensamento atribuído a Rumi: "(se) lábios cerrados, mil línguas (ferem) o coração".

Há Curitiba e seus ditos mitos, construídos ou verdadeiros, moldados à revelia de qualquer gosto ou porque precisamos deles para acreditar em nós mesmos: vampiros, polaquinhas, estações-tubo, hipocrisia de grupelhos literários fechados, autofágicos, como não poderia deixar de ser, a pesquisa poética e a eterna pergunta que todo poeta deve se fazer: vale a pena isso? A pergunta é retórica, uma vez que em forma de poesia, senão seria um idiotismo. Há prostitutas e jovens sonhadores: as vozes dessas pessoas podem ser ouvidas, como se os poemas fossem uma narração que é comum nos contos. Esse aspecto da poesia de Assionara eu ressaltaria como muito importante: o diálogo que ela alcança com a própria prosa é marcante, bonito, presente.

Substantivos abstratos são personagens ("as declarações de amor... entravam nos cafés") e o amor é um ser alado ao modo de *O Banquete*, mas algo que vicia ou que pode aniquilar, como uma doença. O amor é um veneno, mas como viver sem esse veneno?, ela se pergunta. Há muitos poemas amorosos ao longo da coletânea feita para este livro — e o amor surge em diferentes facetas, diferentes momentos da vida, do dia, dos lugares.

Há uma sutil ironia (o mundo acaba, mas as pessoas continuam conectadas na internet, em certo poema), que é muito presente na fala da poeta, para quem convive com ela. Esse acento irônico tem a ver com a característica que apontei antes, o encontro com Dioniso: o riso não é de escárnio, e sim de desvendamento, de descoberta, filosófico antes de maldoso, tem mais a ver (e eu aqui a revelar traços particulares da poeta) com suas leituras sobre o discurso, sobre o que a língua carrega nos seus interstícios, sobre o que muitas vezes não se pode ver, embora presente na língua. Vez ou outra, então, a voz da linguista está nos poemas — e, para mim, isso é maravilhoso. É como se a poesia dela fosse dupla, ou melhor, ao quadrado, pensada e repensada muito mais do que como mera observadora da língua/linguagem.

Há a voz popular e os discursos diários e as coisas simples do dia, como passar café ou guardar enrolado em jornal um fruto do abacateiro, à espera de que amadureça (eu que estou dizendo). Essa presença do cotidiano, saberão os estudantes de literatura e os leitores de poesia, não é invenção do agora, pois é marca forte dos primeiros poemas modernistas e é algo que ecoou em tantos poetas posteriores, não apenas em língua portuguesa. Se não é exatamente uma novidade, a poeta consegue trazer novos tons para o comum, para o cotidiano, para as coisas do dia. É nos objetos do cotidiano que está o amor, a paixão, a convivência: tudo isso são dúvidas — embora de presença marcante e repetitiva ao longo das horas do dia, dúvidas. Se não as houvesse, não haveria também poesia.

Há "o vento morno de Narciso" num verão em que os galhos das plantas explodem numa "pletora de galhos" que nenhum jardineiro consegue vencer. Há uma força maior do que o nosso desejo, enfim, que nos leva ou absorve ou pega junto ou transporta ou que simplesmente nos atravessa indiferentemente, como um dia sugeriu Goethe sobre as estrelas ou o céu: elas e ele são indiferentes às nossas escolhas. Gosto de ver aqui e ali resquícios de uma poesia romântica de laços lá com o século XVIII e depois o XIX. Esse sujeito que se vê no lago ou na tela do celular ou ainda nos aplicativos de divulgação de imagens talvez não difira tanto daquele jovem sonhador de quase duzentos anos atrás, por mais que insistamos que os discursos e as práticas tenham mudado. Exemplo disso está em "Recado", sobre um amor despedaçado, um dos pontos altos do livro.

E a presença do cotidiano talvez explique o porquê de não ser necessário falar de coisas grandiosas para definir ou investigar o amor, uma vez que ele está nas coisas pequenas, como preparar um peixe na madrugada, segundo famoso poema brasileiro moderno: o segredo do amor está em preparar um peixe de madrugada, junto do amor da vida, um peixe que terá se debatido ao ser fisgado, num debater de prata e sonho.

Poderíamos falar em pós-modernidades, mundo líquido e, nos jargões já fora de moda dos anos 1990, de hiper-realidades ou ainda de pós-verdades... eu não sei. Mas a voz que surge aqui, em "*Hipster*", por exemplo, é a voz jovem perdida nesse mar de definições, quando não sabemos ainda se estamos num pós-capitalismo ou se vivemos as verdades agônicas da modernidade em curso. Nas conversas que tenho com a poeta e em nossas trocas textuais, eu percebo essa preocupação: precisamos de adjetivos para escrever e fazer críticas, lecionar, também para ler, para que a leitura seja o meio pelo qual passa nosso entendimento. Ao mesmo tempo, reconhecemos modismos e os perigos das definições muito fechadas. O meio acadêmico pode ser prisão e asas, enfim. De todo modo, o leitor encontrará o mundo atual, do qual faz parte — e isso já é uma imensidão.

O que me agrada e comove é perceber que os mitos até podem morrer ("Faz-se a primeira tarde da eternidade" é um verso que me apaixona), mas, ao mesmo tempo, os mitemas são presentes. Para lá de um jogo de palavras, isso é uma realidade na poesia de Assionara. Seu lado iconoclasta dá lugar à possibilidade de se reler mitemas, seja o da criação ou o da paixão, seja o da descoberta do saber ou o segredo do abismo.

Ainda sobre o amor, chamo a atenção para a segunda parte do livro, chamada "Uma árvore num jardim". Ali, são encontradas as peripécias do amor e as dissimetrias dele, como o amor ocorre sem querer, sem ser desejado... mas ele vem e, quando vem, é presente e forte, como não poderia deixar de ser. Ao mesmo tempo pedra e vento, e é louco quem luta com essas coisas.

A terceira parte do livro, "O mais fundo silêncio", traz um quê simbólico, de rara beleza, em que o corpo é um maquinário de sangue e sonho e as montanhas são elefantes de pedra em pose búdica, num desejo infantil (ou melhor, da infância) de que se levantem ou se libertem. Há também cenas que lembram narrativas poéticas em que os versos explodem em tamanho e se libertam da pequenez das palavras e frases poéticas. Há um quê da infância que grita na vida adulta, como há um quê da infância do homem que grita igualmente ao longo dos séculos. É a busca por esse eco a poesia de Assionara, mas o eco é, claro, imaginário, fragmentado, pois vai se desfazendo. Nesses poemas, observa-se uma máquina do mundo (sem exatamente pensar em Drummond; gosto mesmo é de pensar nos maquinários sensuais e imaginativos de Carpentier), mas a máquina aqui é feita de ossos, metal, gente. Na minha fantasia de crítico e de amigo, eu penso em Calvino e Piranesi, mas minha memória, quando se trata da poesia dela, é uma mistura de interpretação e antigas conversas. Mas convido o leitor a descobrir as próprias referências. Elas são muito ricas.

E é bonito de ver na parte quatro, "O canto do pássaro", a situação da mulher nessa máquina do mundo que se abre inteira, desvendando suas entranhas. Aqui e ali, diálogos abertos com poetas como Patti Smith e João Cabral de Melo Neto.

Talvez num futuro, quando repensar a poesia contemporânea for necessário, se faça um arco entre Anne Carson e Inger Christensen, Adélia Prado e Wisława Szymborska, Adam Zagajewski e Les Murray, para se perceber como a poesia desse período levou ao paroxismo as questões do objeto (afinal, num universo capitalista, como poderia ser diferente?), de um mundo sem Deus ou de falsos deuses, mesmo quando reserva um quê de místico (Prado, principalmente), e a dura realidade do indivíduo moderno frente a seu tempo (todos eles), por vezes focada num certo modo de ver o cientificismo (Christensen), como se incessantemente olhasse para um cogumelo atômico sem entendê-lo, ou ainda, indiferente a ele. A poesia de Assionara está aqui, forte, evidente, marcada pela presença: não é uma poesia do devaneio.

A grandeza da poesia de Assionara Souza não está nos diálogos vazios, igualmente, o que se convencionou chamar intertextualidade (como outras tantas palavras da moda que berra vazia numa noite sem lua, numa praia deserta, caso não se explique), e sim na interdiscursividade: se ela traz João Cabral, por exemplo, e troca "galos" por "mulheres", ela não segue o processo daquele reinventor de "Pierre Menard, autor do Quixote", que deseja reescrever o Quixote, fazendo a mesma coisa, embora nunca mais seja a mesma coisa, *heraclicamente*. Há uma potente voz poética nesse processo, porque ainda é necessário questionar a situação, a posição, o lugar onde se encontra a mulher, hoje. Se eu uso "poeta" em vez de "poetisa" aqui, deixando-me ou não levar por um modismo (não vem ao caso), isso é um sinal de que a questão necessita ser discutida. E tal escolha vocabular é uma conchinha numa extensa praia, mas é preciso transportar o mar para cá com ela, que seja aos poucos.

Quando comecei a escrever este posfácio, o livro não tinha nome. Fiquei dias a pensar em um nome para ele e foi um desafio escrever algo para um livro ainda não batizado, ainda sem um título, ainda sem uma palavra ou jogo de palavras que jogasse luz sobre a obra toda ou a partir do que eu faria uma leitura. O que era um desafio virou prazer, porque, além de passar a encontrar um nome, passei a ler a obra, assim, nua. E aí pude vislumbrar mais de perto suas potências.

Ada é o nome que a tradição profana encontrou para a mulher de Lot. Em verdade, a mulher não tem nome. Essa Ada que se liberta, mesmo que para virar uma coluna brilhante no deserto, tem a ver com a libertação que a poesia de Assionara nos traz. Agora, ela tem nome.

Curitiba, 25 de janeiro de 2018.

P.S.: eu reli esse texto na passagem de 2021/2022 e deixei os verbos no presente, porque Assionara é presente. Como visto acima, o livro não tinha nome. Agora tem um nome, um lindo nome, que lembra a agressividade da mordida, mas a paixão com que se pode morder e esse abismo que há entre a palavra "pássaro" e o objeto destinado a ela, como representação.

índice de títulos
e primeiros versos

A grande autoridade saiu do casulo de sua ignorância 123
A hora de maio 50
A mulher de Lot 121
A nova geração 30
A última sessão: um filme de amor 111
Acaso compensa esse peso: 37
Acho que música 132
Acordes 59
Ah, o amor 61
Algumas aves nessa hora do dia 86
Algumas horas do dia sufocam de silêncio 99
Alguns poetas sofrem 137
Amor, essa rima pobre 51
Ana Marie sabe sorrir para a câmera 33
As horas 77
As ruas, seus espasmos de luz em meio às sombras 14
Até o verão explodir 41
Automat, 1927 81
Cabeça de vento 31
Cebolas 117
Cercar o objeto de palavras 113
Cristais guardados entre os dedos fechados 78
Curitiba, esta ilha carnívora 15
Das coisas que contêm brilho e mistério 74

De acordo com o nosso calendário afetivo 82
De manhã, um susto de luz 91
Deixe-me falar desse diamante 42
Descascar uma palavra 135
Doble 72
Domingo 38
E então seguimos até o café 21
É tarde de segunda-feira 140
É tempo de esconder a canção 94
Encontro a poeta num café 119
Encontro Laura no meio da tarde 48
Escolas 112
Espelho meu 84
Falso poema 139
Fiquei por um tempo à mercê de dois gritos estancados 102
Há uma fornalha que queima ao longo dos dias 92
Hipster 60
Hoje um livro procurou minha mão 138
Impossível escrever o poema 93
Invólucro 128
Lamento por sua adolescência tranquila 26
Les beezzz 63
Meu poema nasceu com má-formação 136
Não desmaie, meu bem 49
Narciso inquieto 27
No princípio era o verso — e foi aquela treta 118
O barco desliza na superfície das águas 109
O mundo acaba ao cair da tarde 23

O que fazer sem ti nessa cidade sem mar 88
Odradek 73
Oficina 69
On the road 57
Ontem, por volta das 17h, horário de Brasília 110
Ópera anônima 19
Órbitas 100
Os delicados se espantam com a ousadia dos jovens 107
Outono 56
Palimpsesto 28
Para Leo Mir 97
Para todos os efeitos, estamos felizes 13
Penélope (Depois de João) 114
Penso em ti 62
Poison Passion 17
Pra não dizer que não falei de amor 120
"Qualquer coisa, mamãe liga" 25
Quando quiser encontrar alguém 95
Quero a revolução das bichas 124
Quincas 75
Realidade quase 126
Recado 46
Respira aqui perto de mim 122
Sem açúcar, *Monsieur Prévert* 52
Ser poeta vale menos que aprender 115
Seus olhos 58
Sonhei contigo esta noite 85
Talvez, em vez de dizer sim 54

Talvez viesse cedo, logo de manhã 101
Tarot 40
TOC 18
Um anjo nu 87
Um breve instante 79
Um caminhão de amor cego e louco 24
Um frio 39
Um homem diante do outro é pouco 127
Um humano em silêncio é quase uma obra de arte 89
Uma ideia de mar 134
Uma substância de amor 90
Vem, coração 45
Voltar de novo a pousar os olhos 76

Notas dos editores

1. Os nomes dos capítulos deste livro foram baseados no poema "Para fazer o retrato de um pássaro", de Jacques Prévert, publicado em *Dia de Folga* [seleção de Wim Hofman e tradução de Carlito Azevedo] pela editora Cosac Naify.

2. Os poemas dos capítulos "Gaiola aberta" e "Uma árvore num jardim", conforme orientação expressa da autora, em seus últimos dias, são um presente para Isabela Matoso.

sobre a autora

Assionara Souza. Escritora, nascida em Caicó/RN, em 14 de outubro de 1969, e radicada em Curitiba/PR. Formada em Estudos Literários pela Universidade Federal do Paraná, foi pesquisadora da obra de Osman Lins (1924-1978). Autora dos volumes de contos *Cecília não é um cachimbo* (2005, 2022), *Amanhã. Com sorvete!* (2010), *Os hábitos e os monges* (2011), *Na rua: a caminho do circo* (2014) – contemplado com a Bolsa Petrobras, 2014; e *Alquimista na chuva* (poesia, 2017). Sua obra tem sido publicada no México pela editora Calygramma. Participou do coletivo Escritoras Suicidas. Idealizou e coordenou o projeto *Translações: literatura em trânsito* [antologia de autores paranaenses]. Estreou na dramaturgia escrevendo a peça *Das mulheres de antes* (2016), para a Inominável Companhia de Teatro. Morreu em 21 de maio de 2018, em Curitiba/PR. *Instruções para morder a palavra pássaro* é seu primeiro livro póstumo.

1ª edição [2022], 1ª reimpressão
Este é o livro nº 1 da Telaranha Edições.
Composto em Minion Pro e Oswald, sobre papel pólen 80 g,
e impresso nas oficinas da Gráfica e Editora Copiart em setembro de 2023.